IA
DIARIO
STORIA
Italiano
ZZZ

Annalisa Strada

UN ANNO ALLE MEDIE

Redazione: via Inverigo, 2 – 20151 Milano

Testo: © Annalisa Strada – 2021
Illustrazioni: Eleonora Antonioni
Progetto grafico: Susi Mauri

Pubblicato in accordo con Grandi & Associati

www.deaplanetalibri.it

Stampa: DRUK-INTRO SPÓŁKA AKCYJNA - Polonia - 2021

ANNALISA STRADA

UN ANNO ALLE MEDIE

DeAGOSTINI

Quello che hai in mano **non è un libro!** Per essere precisi: ha l'aspetto di un libro, ma è moooolto di più. Infatti, **è un gioco** travestito da libro!

ECCO COME SI GIOCA

Innanzitutto ritaglia i **segnalibro-segnaposto**, poi ritaglia e **costruisci il dado**.
Ogni doppia pagina del volume è una **casella di gioco** contrassegnata da un numero **da 1 a 100.**
Puoi giocare da solo o **sfidare un amico!**

SE GIOCATE IN DUE

Prendete entrambi carta e penna e segnate **5 punti,** che sono la base di partenza.
Il primo giocatore **lancia il dado** per la prima volta, sfoglia il libro fino **alla casella indicata dal numero del dado** e inserisce il suo segnaposto. Legge quindi la consegna e **segue le indicazioni sul punteggio**, quindi passa il dado al secondo giocatore.
A ogni lancio si avanza di tante caselle quante ne sono indicate dal numero uscito e si seguono le indicazioni, continuando ad aggiungere (qualche volta a togliere...) punti.
ATTENZIONE in alcuni casi le indicazioni vi faranno avanzare o arretrare o vi obbligheranno a stare fermi per un turno.

Quando capitate sulle caselle che si chiamano **TIRA IL DADO!** fate come vi viene suggerito: lanciate il dado e leggete l'indicazione corrispondente sotto al numero ottenuto: potrete conquistare o perdere punti o conquistare caselle oppure arretrare.

REGOLA D'ORO: ogni **Punto consolazione** vale doppio!
Vince chi raggiunge per primo la casella **NUMERO 100.**

Ma c'è una seconda possibilità di vittoria: **il numero dei punti**, dato dalla somma tra i Punti e i Punti consolazione.
Quindi, coraggio... nel gioco, come nella vita, puoi sempre trovare la vittoria che fa per te oppure riprovare!

UN SOLO GIOCATORE

Se non hai nessuno da sfidare, puoi giocare in autonomia, tenendo il conteggio dei punti per stabilire il tuo record personale e provare a migliorarlo.

ECCO COME SI LEGGE

Questo gioco ha l'apparenza di un libro, quindi lo puoi anche leggere.
Troverai curiosità, sfide, stimoli e molte informazioni sulla vita nella scuola secondaria di primo grado.

Inizia il gioco!

1

È LA PRIMA MATTINA DEL TUO PRIMO ANNO DI SCUOLA PRIMARIA DI SECONDO GRADO MA... NON TROVI LA TUA AULA. STAI FERMO UN GIRO!

-2 punti

SKILLS

Un'ottima maniera per iniziare bene il nuovo percorso scolastico è evitare di parlare a vanvera. Quindi, per favore, impara questa competenza che ti sarà utile per tutta la vita: **prima di parlare, pensa.**

MATERIA

Sai perché la geografia è una materia importante?
Perché perdersi è molto facile e ritrovarsi un'arte per chi ha i piedi ben piantati per terra.

Trova il nome dei **sette nani** in **spagnolo**!

1 ....

2 ....

3 ....

4 ....

5 ....

6 ....

7 ....

UNO STRAORDINARIO FALLIMENTO

Racconta una leggenda metropolitana che Walt Disney, da giovane, lavorasse per una testata che lo licenziò perché aveva troppo poca immaginazione. La stessa storiella gira riferita ad altri illustri persone che hanno poi brillato per fantasia. Perché te lo racconto se non ho certezza di chi sia stato il vero protagonista della succosa vicenda? Perché al posto di Walt Disney potresti trovartici tu e ciò che voglio che tu capisca bene è che non c'è nessun giudizio definitivo che gli altri possano esprimere su di te. Vai, e fai capire quanto vali!

2

IL TUO NUOVO VICINO DI BANCO NON SMETTE DI INFILARSI LE DITA NEL NASO.

2 punti consolazione

SKILLS

Capita anche a te di avere l'impressione che la gente non ti capisca? A me succede ancora, qualche volta, ma mi succedeva più spesso quando avevo la tua età. Poi, un giorno, mi hanno fatto notare che almeno nella metà dei casi di incomprensione, il problema è di chi parla, semplicemente perché non si fa capire. Dunque, tu fai sempre in modo che ti capiscano: esprimiti in maniera chiara e con parole appropriate. Come si fa? **Cominciando con l'avere le idee chiare e proseguendo con lo scegliere le parole più adatte.**

MATERIA

Che differenza c'è tra la matematica e la geometria? La matematica si occupa dei numeri, di calcoli, delle quantità e delle relazioni che si possono stabilire tra loro. La geometria si occupa invece delle figure piane e delle figure solide, del calcolo delle loro varie dimensioni e del loro impiego.

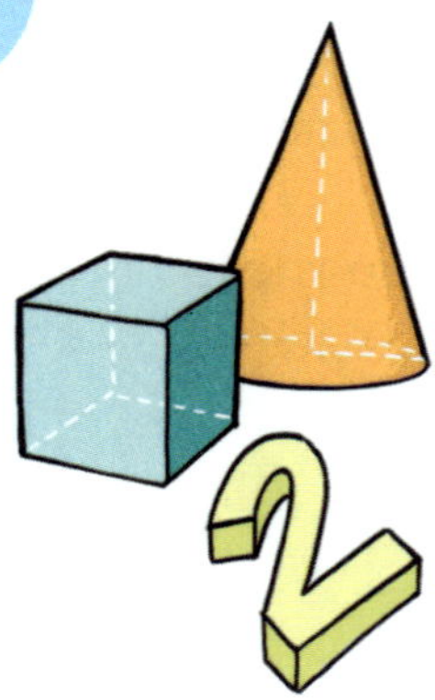

SFIDA

I numeri primi sono quelli che sono divisibili solo per se stessi. Per esempio, 7 è un numero primo perché può essere diviso (con un risultato senza decimali) solo per se stesso. Un altro numero primo è 11, un altro 13, lo è anche 17 e pure 19!

Dai, trova i primi cinquanta numeri primi, forza!

MOBY DICK!

Il romanzo *Moby Dick* è uno dei più famosi capolavori letterari. Il titolo è il nome della grande balena bianca (che è un animale, ma anche un simbolo) alla quale danno la caccia il capitano Achab e la sua interessantissima ciurma. Da questo libro sono stati tratti film e riduzioni in quantità e ha ispirato canzoni, poesie, importanti riflessioni. L'autore di *Moby Dick* è l'americano Herman Melville. Eppure, nel 1851, la prima edizione dell'opera apparve senza il nome dell'autore, per un errore del tipografo. Quindi, calma: anche se un merito non ti viene subito riconosciuto tu non ti avvilire e insisti.

3

IL TUO MIGLIORE AMICO NON È IN CLASSE CON TE. HAI UN INIZIO DIFFICILE, EH? AVANZA DI 1 CASELLA E BUONA FORTUNA!

4 punti consolazione

SKILLS

Tutti siamo attratti dalle persone al comando. Le vediamo al centro dell'attenzione, in un ruolo superiore a quello degli altri, per questo spesso nasce in molti il desiderio di essere loro. Se sei tra le persone che amano i ruoli di comando e ne vorrebbero gestire uno, **ricordati che un incarico è anche una responsabilità.** Cerca di scegliere per te i ruoli per cui hai le capacità. Non è sempre necessario comandare, a volte ci si realizza pienamente anche con altri incarichi: insomma, non è necessario essere al vertice per cambiare in meglio il nostro mondo. Lo miglioriamo ogni volta che facciamo al nostro meglio, dove più siamo abili.

MATERIA

Che cosa si studia in educazione tecnica? Tra le materie scolastiche è quella che spazia tra gli argomenti più vari e tutti hanno a che fare con ciò che viene costruito dall'uomo, includendo la progettazione, lo studio dei materiali e delle materie prime. In educazione tecnica si impara anche il disegno tecnico.

SFIDA

Le stelle che compongono le **Costellazioni** hanno ciascuna un nome. Come si chiamano le tre stelle che formano la costellazione conosciuta come **Cintura di Orione**?

1 ....

2 ....

3 ....

DECIMALE!

Tutti i nostri calcoli di quantità e misure si basano sul sistema metrico-decimale, cioè quello che come base ha il metro e il numero dieci. Perché il numero dieci? Perché le dita sono il primo strumento che usiamo per contare!

Pare che i babilonesi contassero sulle dita, ma il loro sistema non fosse basato sul dieci. Come è possibile? Semplicemente perché non usavano le dita, ma le falangi! Insomma, basta poco per fraintendersi: presta sempre molta attenzione.

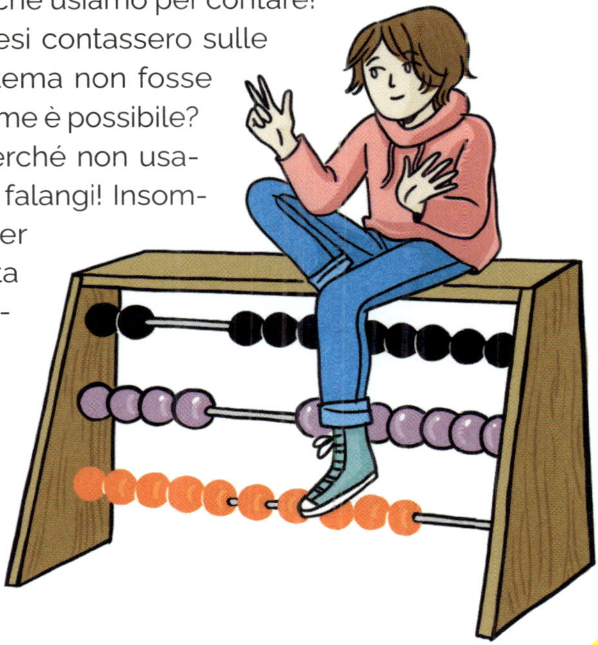

4

TIRA IL DADO!

1

Sei in prima fila!

(3 punti consolazione)

2

Ti trovi nell'ultima fila

(2 punti)

3

Sei l'unico della classe cui la prof chiede di cambiare posto

(0 punti)

4

Ti trovi accanto alla finestra: sentirai il gelo dell'inverno e il calore del primo sole

(0 punti)

5

Dal tuo posto non vedi bene la lavagna

(stai fermo un turno)

6

La prof ti lascia scegliere il posto che preferisci

(vai avanti di 3 caselle)

PROVA TU!

Scegli un titolo per il racconto la cui trama è quella raccontata qui sotto.

Tre studenti stanno andando a scuola, quando si accorgono di una casa disabitata. Decidono di non andare a lezione e di dedicarsi all'esplorazione. Scoprono però che la casa non è disabitata: è l'abitazione della Dirigente Scolastica, che li coglie in fragranza e li condanna a lavori utili per due mesi: devono deforestare il giardino e tinteggiare tutte le stanze. I tre si irrobustiscono molto grazie al lavoro fisico e diventano i più popolari della scuola. Indispettita per l'inatteso risultato, la Dirigente Scolastica non perde occasione per dar loro energiche sgridate. I tre diventano studenti formidabili pur di evitare le lavate di capo. Alla fine della terza media, i tre studenti sono dei bei giovanotti molto preparati, pronti e capaci di affrontare qualsiasi situazione.

Il titolo che tu daresti è: ....

5

OGNI MATTINA, I TUOI GENITORI TI ACCOMPAGNANO A SCUOLA E INSISTONO PER ASPETTARE INSIEME A TE L'APERTURA DEL CANCELLO. È ABBASTANZA NORMALE CHE TUTTI TI FISSINO.

4 punti consolazione

SKILLS

La classe è un gruppo di esseri umani e come tutte le società, si tendono a stabilire dei ruoli e delle gerarchie. Tieni sempre ben presente quanto vali e non accettare che ti vengano imposti **dei ruoli che non ti piacciono.**

MATERIA

In che cosa consiste la materia di lettere? La cattedra di lettere include lo studio di geografia, di storia, di grammatica, di letteratura e l'analisi di testi (con l'impiego dell'antologia oppure con la lettura integrale di libri). A volte, questa cattedra è occupata da un solo docente oppure può essere divisa tra un docente che insegna storia e geografia e un docente che fa il resto delle materie.

SFIDA

Spesso le **sfumature di colore** hanno un nome proprio. Per esempio, esiste il **"Colore Tiziano"**. Di che colore si tratta?

L'EURO

La moneta che tu adoperi, insieme a moltissimi cittadini europei, è l'euro. Ne conosci la storia? In Italia l'euro ha sostituito la lira il 1 gennaio 1999, ma già da tre anni era adoperato nella contabilità delle banche e nel commercio elettronico. Le monete e le banconote in euro hanno circolato a partire dal 1 gennaio del 2002 e per un certo periodo hanno convissuto con la vecchia valuta.

Il cambio delle lire in euro è stato possibile in Italia fino al 2012, ma in alcuni stati questa possibilità è durata fino al 31 dicembre 2020.

6

PRESTI LA CANCELLERIA A QUALCUNO CHE NON L'HA. AVANZA DI DUE CASELLE E BUONA FORTUNA!

2 punti

SKILLS

Quando inizia un nuovo percorso è normale essere disorientati e avere incertezze. Quando non sai che fare o qualcosa non ti è chiaro, non esitare a chiedere! **Fare domande non è mai sciocco e spesso dà voce a chi ha i tuoi stessi dubbi ma non osa parlare.**

MATERIA

Quante lingue straniere si insegnano alla secondaria di primo grado? Due! Si chiamano genericamente prima e seconda lingua straniera e possono variare a seconda della scuola. Di norma la prima lingua straniera è l'inglese e la seconda un'altra lingua tra lo spagnolo, il francese e il tedesco (quelle più insegnate). Della seconda lingua straniera farai due ore ogni settimana.

SFIDA

Il planisfero è la raffigurazione in piano del globo terrestre. Guarda il planisfero che hai appeso in classe (o cercane uno sul tuo testo di geografia).
Perché l'Alaska appare due volte?

GOOGOL O GOOGLE?

Nel 1938 il matematico statunitense Edward Kasner stava lavorando su un numero che era composto da 1 seguito da cento zeri. Era un numero nuovo, per cui serviva un nome, perché fino a quel momento si poteva solo dire che erano "10.000 decaexilioni", ma non aveva nessuna idea. A dargli l'imbeccata arrivò suo nipote, Milton Sirotta, che aveva 9 anni e pronunciò la parola "googool!". E Googol, fu! Comparve per la prima volta nell'opera di Kasner intitolata *Matematica e fantasia*. Perché allora il motore di ricerca si chiama *Google*? Perché il nome originale era già impiegato e quindi si ripiegò su una variante!

7

LA TUA PENNA HA DECISO DI NON SCRIVERE PIÙ: FORSE LA SFERA CHE EROGA L'INCHIOSTRO SI È INCEPPATA... PURTROPPO, NESSUNO TE NE PRESTA UNA!

0 punti

SKILLS

Una delle principali cause di litigi e tensioni è la mancanza di dialogo. Prendi in seria considerazione la possibilità di **parlare di più con gli adulti.** Per quanto ti possano sembrare vecchi, irrigiditi, distratti e sospettosi, sono molto interessati alla tua vita, se non altro per capirla un po'. **Dai, spiega anche a loro come te la passi.**

MATERIA

In che cosa consiste, esattamente, l'educazione artistica? Alla scuola secondaria di primo grado la tua educazione all'arte avviene in due modi: uno pratico e l'altro teorico. Quindi un po' realizzerai tu le tue opere con tanti materiali più o meno comuni e un po' studierai la storia dell'arte per scoprire i capolavori dei grandi maestri.

La latitudine e la longitudine sono le coordinate che consentono di indicare con precisione un luogo del nostro pianeta. La latitudine si misura sui praralleli e la longitudine si misura sui meridiani. Meridiani e paralleli formano il Reticolato terrestre. **Quali sono la latitudine e la longitudine della città di Lisbona?**

....

....

ANCHE SE ABBAIA, NON È DETTO CHE SIA UN CANE

Per capire con chi abbiamo a che fare, conviene non fidarsi di quello che dice, ma stare attenti a ciò che fa. Ce lo spiega chiaramente il caso dei cani della prateria. Ad ascoltarli abbaiano, ma non hanno nessuna parentela – nemmeno lontana – con i cani, infatti sono grossi roditori che vivono in tane composte da grovigli di gallerie. Sono originari delle praterie del Nord America.

8

TIRA IL DADO!

1

Hai l'astuccio dello scorso anno e tutti ti prendono in giro

(3 punti consolazione)

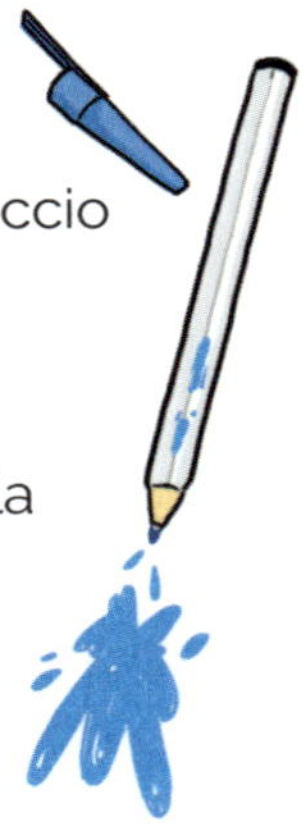

2

Prendi in giro un tuo compagno per il suo astuccio

(perdi tutti i punti che hai accumulato!)

3

Ti si rompe una penna nell'astuccio e tutta la tua cancelleria è inzaccherata

(2 punti consolazione)

4

Scrivi gli appunti con l'inchiostro giallo e non riesci più a leggerli

(stai fermo un turno)

5

Non sai scrivere in corsivo

(0 punti)

6

Il temperamatite non ha la lama affilata

(torna indietro di 1 casella)

PROVA TU!

La prof di matematica ti ha chiesto di comprare **un goniometro per le lezioni di geometria**. Tu però non avevi capito di cosa si trattasse perché non ne avevi mai sentito parlare e non avevi capito che fosse importante.
Usa le righe qui sotto per inventare una buona giustificazione al fatto di non avere il goniometro per la lezione. Scatena la tua fantasia: **vince chi inventa la scusa migliore!**

....

....

....

....

....

PS: Il **goniometro** è lo strumento per misurare l'ampiezza degli angoli.

9

IN CLASSE SCOPPIA UNA RISSA, MA IL TUO INTERVENTO METTE GLI ANIMI IN PACE. COMPLIMENTI! AVANZA DI 2 CASELLE!

5 punti

SKILLS

Passerai alcuni anni insieme ai tuoi compagni di classe. Magari alcuni sono straordinari, ma altri non ti sono simpatici. Per vivere bene in aula è opportuno conoscere il carattere di tutti. Il mio consiglio è: ascolta attentamente tutti e imparerai a capirli meglio.

MATERIA

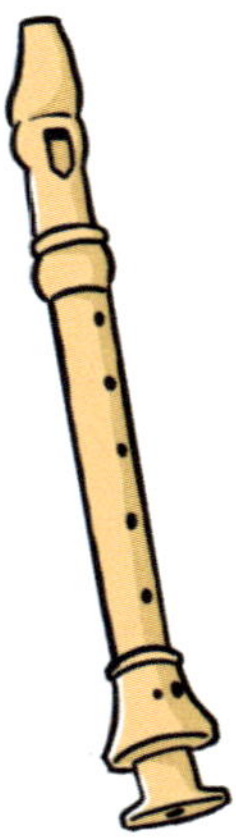

Che cosa si fa durante le ore di educazione musicale? Questa materia ti introdurrà al magico mondo delle sette note: studierai i grandi della musica di tutti i tempi e suonerai uno strumento. All'inizio, con tutta probabilità, si tratterà del flauto dolce, ma niente esclude che la fantasia del docente e la dotazione della scuola te ne facciano scoprire altri!

SFIDA

In italiano, quando una persona dice "Grazie!" l'altra risponde "Prego!". **Come si dice "prego" in inglese?**

SI CAMBIA IN CONTINUAZIONE

Il volto del nostro pianeta cambia in continuazione. Per esempio, pensa che fino a un paio di millenni fa l'Europa era interamente ricoperta di foreste, mentre ora uno dei nostri più grandi problemi è preservare le aree boschive esistenti e piantumare per migliorare la qualità dell'aria. Alcuni la chiamano evoluzione, altri progresso: fatto sta che è uno dei molti risvolti della incessante trasformazione a cui tutto è sottoposto. Inclusi gli esseri umani. **Tu fai in modo che la tua trasformazione sia un continuo miglioramento.**

10

IL PROF SBAGLIA A LEGGERE IL TUO NOME OGNI VOLTA CHE FA L'APPELLO!

-2 punti

SKILLS

Per un mondo sostenibile è necessario il contributo di tutti. Di sicuro hai un carattere interessante. Chi ti sta intorno lo può scoprire osservandoti, ma hai uno strumento utilissimo per farti capire prima e meglio: la voce! Parla con i tuoi compagni di classe, **spiega che cosa pensi ed intervieni nelle discussioni.**

MATERIA

Com'è educazione fisica alla scuola secondaria? Di sicuro ti sarà data la possibilità di indossare scarpe e tuta e di **mettere in gioco il tuo corpo con esercizi, giochi e sport** individuali o di squadra. Molto probabilmente verranno organizzate gare e tornei interni e anche con altre scuole. Studierai inoltre la parte teorica del movimento e delle principali discipline sportive.

SFIDA

Quanti tipi di **triangolo** esistono e come si distinguono?

QUANTA ENERGIA! FORSE TROPPA?

I fast food offrono menu particolarmente gustosi. Attenzione però: **non sono solo gustosi sono anche molto calorici!** Alcuni scienziati hanno calcolato che con le energie fornite da un panino grande, patatine e bibita zuccherina potresti correre per sette ore consecutive. Se tu non corri per sette ore consecutive dopo aver mangiato il menu intero ti resta addosso un bel po' di energia non spesa!

11

TI HANNO RUBATO LA MERENDA CHE TENEVI IN CARTELLA PER LA RICREAZIONE. RIPOSA E RIPRENDITI STANDO FERMO UN GIRO.

5 punti consolazione

SKILLS

La verità è sempre la via migliore, persino quando è scomoda. Non ti costringe a ricordare bugie dette per nasconderti e non ti fa passare per una persona peggiore di quella che sei. **Ricordati di non mentire.**

MATERIA

L'istruzione italiana prevede **un'ora alla settimana di educazione religiosa,** come definito in conseguenza ai Patti Lateranensi, che nel 1929 sancirono gli accordi tra lo Stato Italiano e la Chiesa Cattolica. Chi non intende avvalersi di questo insegnamento può, all'atto dell'iscrizione, fare richiesta di un'ora di attività alternativa, il cui contenuto è definito diversamente da ciascun istituto.

SFIDA

Si può **dividere** un numero per zero?

SÌ NO

DISTANZE

Il punto della superficie terrestre più lontano dal centro della Terra è la montagna più alta? No!
La montagna più alta è l'Everest: la sua vetta raggiunge gli 8.848 metri sopra il livello della terra. Ma il punto più lontano dal centro del globo è la cima del vulcano Chimborazo. Questo vulcano si trova in Ecuador e raggiunge i 6.310 metri sul livello del mare, ma sotto di lui si trova un rigonfiamento della Crosta Terrestre.

12

TIRA IL DADO!

1

Hai scritto un bigliettino per il tuo compagno di classe,
ma la prof ti becca
(arretra di 1 casella)

2

Ricevi un biglietto che contiene una frase molto gentile
(3 punti)

3

Ricevi un bigliettino con una frase molto scortese
(1 punto consolazione)

4

Ricevi un bigliettino ma non riesci a leggerlo
(-2 punti)

5

Scrivi intenzionalmente un bigliettino illeggibile
(0 punti ma... bella idea!)

6

Non sai cosa scrivere su un biglietto
(stai fermo un turno)

PROVA TU!

Immagina che tua zia ti abbia regalato uno zaino che lei riteneva bellissimo, ma che tu ritieni assolutamente inguardabile. Siccome sei sicuro che non lo userai mai, ti converrebbe restituirlo alla zia e chiederle di sostituirlo con un regalo che potrai sfruttare.

Nelle righe qui sotto, trova le parole per spiegare alla zia le tue ragioni, con tatto e delicatezza.

... BUONA FORTUNA!

....

....

....

....

13

UN TUO COMPAGNO DI CLASSE HA SCORDATO A CASA LO SPUNTINO PER LA RICREAZIONE. DIVIDI CON LUI LA TUA MERENDA.

3 punti

SKILLS

La bugia è una facile tentazione, soprattutto se la verità è scomoda. La verità, però, si rifiuta di essere nascosta e alla lunga svela sempre qualche dettaglio che la fa emergere per intero. **Impara a dire le verità, anche sgradevoli e la tua vita sarà più semplice e più solida.**

MATERIA

Ogni volta che ti assenti da scuola, al tuo rientro dovrai portare **una giustificazione firmata** da uno dei tuoi genitori. Alcune scuole hanno, in appendice al diario che forniscono agli studenti, delle parti precompilate da completare e firmare oppure ci sono dei moduli appositi. In alternativa, potrai scrivere la giustificazione con un testo libero che includa le date dell'assenza e la causa: necessità di salute, motivi familiari, malattia o altro. Le giustificazioni sono necessarie sia per entrare dopo che le lezioni sono cominciate o prima che finiscano. La giustificazione per l'uscita anticipata va presentata all'insegnante della prima ora.

SFIDA

Qual è la quantità **maggiore** tra **3/4** e **4/5**?

3/4 | 4/5

NOI E IL RANUNCOLO DEI GHIACCI

Il ranuncolo dei ghiacci, come il nome suggerisce, si adatta a climi molto rigidi. E pure il ranuncolo, come noi, si soffia sulle mani per resistere al freddo. O, meglio, fa la cosa più simile che gli riesce: usa la parte centrale scura per attirare i raggi del sole e adopera i petali candidi per catturare e riflettere la luce all'interno della sua corolla. Mai sottovalutare i vegetali. Danno segnali di grande intelligenza. Sii un po' vegetale anche tu!

14

HAI CONTROLLATO L'ORARIO SCOLASTICO, MA HAI SBAGLIATO IL GIORNO. RISULTATO? SEI A SCUOLA CON I LIBRI DI TESTO SBAGLIATI!

-3 punti

SKILLS

Vincere è un'emozione bellissima! Pur di provarla, molti sarebbero disposti a tutto. Ecco, tu non sei tutti: tu sei una persona speciale. **Impara a vincere lealmente.**

MATERIA

Il numero di assenze da scuola che puoi fare nell'orario scolastico è limitato. Se vuoi che i docenti facciano il tuo scrutinio (e cioè valutare se sei pronto per l'anno scolastico successivo), devi essere stato presente per i ¾ delle lezioni. In caso contrario, rischi la bocciatura per assenza. Se le tue assenze fossero dovute a malattia, potrai informarne i docenti e pianificare il recupero del programma e delle verifiche o attivare le modalità che la scuola prevede per questo specifico caso.

Quanti film sono stati tratti dal romanzo di **Roald Dahl *La fabbrica di cioccolato***?

PULISCI IL CELLULARE!

Hai già un cellulare? Forse sì. Hai un tablet? Probabilmente sì. Fanne un buon uso e non farne mai nessun abuso. Usali per quello che sono: strumenti per chiamare, cercare, studiare, curiosare, ma non usarli solo per ammazzare il tempo o ti si ritorceranno contro diventando una pessima abitudine. Questo per quanto riguarda ciò che tu puoi fare con questi strumenti. Anche l'involucro però ha la sua importanza. Le mani raccolgono tutto ciò che si trova nell'ambiente e lo trasferiscono su ciò che toccano. Ricordati di lavarle spesso e bene, ma anche di mantenere igienizzate le tastiere e le superfici che adoperi più spesso. Pensa che gli scienziati hanno dimostrato che il cellulare può avere più batteri della tavoletta del wc!

15

LA PROF DI INGLESE PARLA SOLO IN LINGUA E TU CAPISCI MENO DELLA METÀ DI CIÒ CHE DICE. STAI FERMO UN TURNO.

1 punto consolazione

SKILLS

La sconfitta non è facile da accettare. Proprio per questo è importante imparare a perdere. Fidati: **se impari a perdere, trovi la strada per vincere.**

MATERIA

Il PDP è il Piano Didattico Personalizzato.
Viene compilato nel caso lo studente abbia una certificazione. Per esempio, hanno un Piano Didattico Personalizzato gli studenti con DSA (disgrafici, discalculici, dislessici e disortografici), ma è solo un esempio tra mille. Il PDP deve contenere gli estremi della certificazione e specificare, per ciascuna materia, le modalità che ogni docente adotterà con l'allievo. Il PDP deve essere firmato dal Dirigente Scolastico, da tutti i docenti della classe e dai genitori dell'alunno.

SFIDA

Che cos'è la **torba**?

QUANDO SALTARONO LE TESTE

La Rivoluzione Francese scoppiò nel 1789 e portò alla decapitazione del re Luigi XVI e sua moglie, la regina Maria Antonietta. La ghigliottina lavorò contro l'aristocrazia, nella quale il popolo aveva individuato la causa di molti dei propri dolorosi mali. Come tutti i momenti intensi, la violenza infiammò molti e alcuni si fecero prendere fin troppo la mano. Infatti, arrivarono a togliere la testa alle statue collocate sulla facciata della cattedrale di Notre Dame. Solo dopo seppero che non rappresentavano nobili, bensì gli antenati di Maria. Alcune di quelle teste vennero recuperate e collocate nel Museo di Cluny.

16

TIRA IL DADO!

1

Trattieni uno sbadiglio e ti viene un crampo alla mascella

(1 punto consolazione)

2

Sbadigli in faccia alla prof

(-1 punti)

3

Sbadigli mettendo la mano davanti alla bocca

(0 punti)

4

Sbadigli in continuazione e le lacrime ti appannano gli occhi, dunque sbagli a leggere una consegna

(stai fermo un turno)

5

In tutta la classe, sei l'unico che non sbadiglia

(2 punti)

6

Sbadigli?! Mai fatto uno!

(avanza di 1 casella)

PROVA TU!

Ormai sei a scuola da qualche giorno... ammettilo, la classe è un ambiente in cui si può stare benissimo oppure malissimo. Elenca qui sotto i **cinque comportamenti che non sopporti** si tengano in classe:

1. ....

2. ....

3. ....

4. ....

5. ....

17

TI INNAMORI DI QUALCUNO CHE È IN CLASSE CON TE, MA NON HAI ANCORA CAPITO SE LA COSA È RECIPROCA. PROVA A DISTRARTI CON UNA GITA AL MUSEO!

3 punti consolazione

SKILLS

La terra ospita miliardi di esseri umani. Siamo tutti affollati sul pianeta e ci dividiamo le risorse che offre, condividiamo il tempo e dobbiamo avere a che fare gli uni con gli altri per vivere. **Essere egoisti non ha senso!**

MATERIA

La normativa scolastica prevede che per alcuni studenti sia steso un documento BES. BES sta per **Bisogni Educativi Speciali** e serve per inquadrare una circostanza temporanea di difficoltà dovuta, per citare solo alcuni esempi, a problemi familiari momentanei, difficoltà personali dello studente, carenze del contesto di vita del ragazzo. Il suo scopo è proprio focalizzare il problema in maniera da tenerne conto e offrire allo studente la migliore esperienza scolastica possibile.

SFIDA

Qual è la **materia prima** dalla cui lavorazione si ottiene la **plastica**?

IL NUOTO? DA SEMPRE!

Gli esseri umani sono capaci di nuotare e questo è evidente. Ma quando il nuoto diventò uno sport? Secondo molte testimonianze, si tratta di uno degli sport più antichi, forse grazie allo spirito competitivo innato nell'uomo. La prima piscina pare infatti risalga al III millennio avanti Cristo ed è stata trovata in Pakistan, nel sito archeologico di Mohenjo-daro.

18

IL PROF DI EDUCAZIONE FISICA VI PUNISCE CON CENTO FLESSIONI... MA A TE LE FLESSIONI NON PIACCIONO!

0 punti

SKILLS

Concilia **le tue esigenze** con quelle **degli altri**.

MATERIA

La scuola è un'esperienza **obbligatoria fino a 16 anni.** Per questo gli studenti che non si presentano a scuola vengono rintracciati per capire i motivi della mancata frequenza. Nei casi estremi, si può ricorrere al supporto dei servizi sociali o delle forze dell'ordine.

SFIDA

Come si forma **l'arcobaleno**?

....

....

....

....

PERCHÉ, DI NOTTE, IL DESERTO È FREDDO?

Se ti capita di attraversare il deserto, ricordati che di notte la temperatura scende bruscamente e puoi avere anche molto freddo. Come è possibile? Dipende dal fatto che durante il giorno la sabbia si scalda e riflette i raggi del sole, ma di notte si raffredda velocemente e non c'è umidità, ossia acqua sospesa in aria sotto forma di vapore, che potrebbe mantenere più a lungo il calore. Inoltre, nel deserto, per lo stesso motivo, il cielo non è coperto da nubi che rallenterebbero la dispersione termica.

19

HAI PRESO PARTE ALLE OLIMPIADI DI MATEMATICA E... LE HAI VINTE! COMPLIMENTI.

7 punti

SKILLS

Un bell'esercizio di allenamento per la tua vita presente e futura è **imparare ad aiutare chi ne ha bisogno.** Guardati attorno e scopri se puoi **renderti utile.**

MATERIA

L'istruzione è obbligatoria fino ai 16 anni. Ma **ogni obbligo è anche un diritto.** Istruirsi comporta un vantaggio personale e sociale e ogni ragazzo deve essere messo nelle condizioni di poter accedere alla scuola dell'obbligo.

SFIDA

Chi ha scolpito la ***Pietà Rondanini***?

LAVATI I DENTI

I denti vanno lavati dopo i pasti. Conto che questo tu non solo lo sappia ma, soprattutto, lo faccia! Ora la questione è: quanto dentifricio usi? Perché, vedi, il dentifricio è una specie di ammorbidente per la placca, ma non risolve l'igiene dei denti. Importante è che tu strofini bene, con lo spazzolino della consistenza adatta alle tue esigenze, per almeno tre minuti. Il dentifricio è solo l'importante supporto a questo tuo impegno e ti aiuta a profumare l'alito. Tutto chiaro? Procedi!

20

TIRA IL DADO!

1
Fai tre flessioni su una mano sola
(fermati un giro)

2
Fai cento saltelli sul posto
(2 punti consolazione)

3
Sdraiati a terra e fai quaranta addominali
(avanza di una casella)

4
Toccati le ginocchia con la fronte
(stai fermo un giro)

5
Toccati il ginocchio destro con la mano sinistra e il piede sinistro con la mano destra (tieni la posizione per 20 secondi, senza lamentarti)
(avanza di 5 caselle)

6
Toccati il naso con la lingua
(se non riesci, stai fermo un turno)

PROVA TU!

Elenca qui sotto le **cinque cose fantastiche** che desideri avvengano durante **la più noiosa delle ore di lezione.**

1. ....

2. ....

3. ....

4. ....

5. ....

21

SUL DIARIO AVEVI SCRITTO COMPITO IN CLASSE, MA NON CI AVEVI FATTO CASO E NON HAI STUDIATO. PERÒ... SORPRESA! LA PROF NON SI È PRESENTATA. HAI AVUTO UNA FORTUNA SFACCIATA.

7 punti

SKILLS

Non c'è niente di male nell'avere bisogno dell'aiuto degli altri: gli esseri umani sono animali sociali e tendono ad aiutarsi reciprocamente per costruire una modalità di vita migliore. Se hai bisogno di aiuto chiedilo e lasciati aiutare.

MATERIA

Consiglio di Classe è il nome con cui si indica l'insieme dei docenti che svolgono la loro attività in una certa classe. Questi docenti si riuniscono con una frequenza per verificare l'andamento della classe. Ad alcune di queste riunioni vengono invitati i genitori degli studenti, che possono avere un confronto generale con i docenti su problemi che riguardano la classe nel suo insieme.

SFIDA

Come si chiamava l'ultimo **Imperatore romano**?

BUON COMPLEANNO, MAIUSCOLO!

Ti è mai capitato di digitare una bella frase sulla tastiera e di accorgerti solo dopo averla finita che l'hai scritta tutta in maiuscolo? Probabilmente, a te come a me, è successo perché hai premuto inavvertitamente il tasto “caps lock” che imposta la tastiera sull'uso del maiuscolo. Lo so, a volte è una noia, ma spesso è utile (come molte cose della vita cui bisogna prestare una certa attenzione). Sappi ad ogni modo che questo tasto, per la sua particolarità, si è meritato una data di compleanno: viene festeggiato (da chi se ne ricorda) il 19 agosto.

22

TUA NONNA TI REGALA DEI SOLDI PER OGNI BUON VOTO CHE PRENDI. TE LI CONSEGNA IN PRIVATO, PER DIMOSTRARTI QUANTO È ORGOGLIOSA DEI TUOI RISULTATI!

3 punti

SKILLS

Se sei abile puoi approfittarti della debolezza degli altri. Però, essere abili e approfittarsi della debolezza altrui significa essere pessime persone. Per favore, **sii una persona migliore: è questa l'unica abilità che conta.**

MATERIA

I rappresentanti dei genitori vengono eletti nelle prime settimane del nuovo anno scolastico. Per l'elezione i genitori si riuniscono a scuola, definiscono i candidati e poi li votano. I rappresentanti eletti sono da un minimo di due a un massimo di quattro. Il loro ruolo è quello di essere punto di contatto tra tutti i genitori e i docenti per scambiare informazioni sulla classe e sull'andamento scolastico. **Insomma, sono i portavoce dei genitori!**

SFIDA

Qual è il nome inglese di **Cappuccetto Rosso**?

CAMPANE SUONATE

La cattedrale di Notre Dame sorge nel cuore di Parigi e la sua costruzione iniziò nel 1160 per volontà del vescovo Maurice de Sully. Sorge sui resti di una chiesa più antica ed è considerata la migliore espressione dello stile gotico. Sono moltissime le curiosità di questo luogo di culto, dove ogni dettaglio ha una storia. Qui vorrei dirti che le sue principali campane hanno tutte un nome proprio: Marie, Emmanuel, Gabriel, Anne-Geneviève, Denis, Marcel, Etienne, Benoît-Joseph, Maurice e Jean-Marie.Insomma, a Notre Dame funziona proprio come in classe: l'insieme è grandioso se si dà importanza a ogni elemento che lo compone.

23

HAI SVOLTO TUTTI I COMPITI ASSEGNATI, MA LI HAI DIMENTICATI A CASA...

-5 punti

SKILLS

Barare non è difficile: trovare un inganno, individuare la scorciatoia, tuffarsi in un groviglio per trarre vantaggio dalla distrazione degli altri sono tutte pratiche facilissime. Ma meschine. **E tu non sei una persona meschina!**

MATERIA

Lo scrutinio è l'operazione che il Consiglio di Classe svolge, in presenza del Dirigente Scolastico (o di un suo delegato), per esprimere le valutazioni di fine quadrimestre (o trimestre) o di fine anno scolastico. Tutte le valutazioni proposte da ogni singolo docente vengono approvate (o, per meglio dire, ratificate) da tutto il Consiglio e dal Dirigente. In caso di discussione, anche sui giudizi globali, si vota e viene accolto il parere della maggioranza.

L'altitudine segna l'altezza di un luogo sul livello del mare. Qual è l'altitudine di **Mosca**?

M.S.L.M. ....

SENZA MAI BERE

I deserti sono tra gli ambienti più suggestivi del pianeta. Sebbene possa sembrare che le loro distese siano disabitate, sotto la sabbia vivono in realtà molti animali. Come possono resistere a temperature e condizioni tanto estreme? Molti di essi, semplicemente, non bevono mai. Per vivere, sfruttano i liquidi contenuti nelle poche piante di cui si cibano, come i cactus, e nelle prede che catturano. Insomma, la maniera per resistere si trova sempre.

24

TIRA IL DADO!

1

La prof ti menziona come studente modello

(1 punto)

2

La prof di matematica cita il tuo compito in classe esempio di compito ben fatto

(3 punti)

3

La prof di matematica si convince che la matematica non sia il tuo mestiere

(1 punto consolazione)

4

La prof di matematica sbaglia a inserire i voti nel registro elettronico e ti mette un'insufficienza

(2 punti consolazione)

5

Copi il compito di matematica dal tuo vicino di banco, ma sbagli pure a copiare

(lancia di nuovo il dado)

6

Fai copiare il tuo compito al tuo vicino di banco, ma è sbagliato

(stai fermo un turno)

PROVA TU!

Disegna qui sotto la tua **caricatura**.

PS: La caricatura è un ritratto in cui le caratteristiche vengono **accentuate fino a diventare simpatici difetti.**

25

IL PROF DI EDUCAZIONE FISICA IMPARTISCE 100 FLESSIONI PER PUNIZIONE, MA A TE LE FLESSIONI PIACCIONO!

1 punto

SKILLS

"Sprecare" significa prendere più di quel che serve e buttare ciò che avanza. Ecco, **se riesci a non volere più di ciò che ti serve** e sei in grado di non sprecare, allora sei una persona davvero in gamba!

MATERIA

Il Collegio Docenti è l'insieme dei professori che operano all'interno del tuo plesso. Insieme al Dirigente Scolastico scelgono la linea operativa della tua scuola. Si riuniscono con cadenza regolare e discutono proposte, progetti, iniziative.

Quali colori primari devo mescolare per ottenere il colore **viola**?

IL PRIMO PROGRAMMATORE DELLA STORIA, ANZI PROGRAMMATRICE

Il primo programmatore della storia fu Ada Lovelace, e sarebbe più corretto dunque parlare di programmatrice. Fu una donna con uno spiccato intuito matematico e creò il primo algoritmo per la macchina analitica Babbage, che possiamo considerare come il primo nucleo di calcolatore elettronico. Tutto questo accadeva alla metà dell'Ottocento.

A chi racconta questa storia piace ricordare che Ada fu la figlia di uno dei massimi poeti inglesi, Lord Byron.

26

IL TUO VICINO DI BANCO È CAMBIATO! QUESTO LECCA LA COLLA.

2 punti consolazione

SKILLS

Condividere con gli altri la conoscenza significa rendere migliore il mondo che ci circonda. **Fallo anche tu!**

MATERIA

Che differenza c'è tra l'Istituto Comprensivo e il Plesso? Si chiamano Istituti Comprensivi le scuole che includono la scuola dell'Infanzia, la scuola primaria e la scuola secondaria di primo grado. L'Istituto è l'insieme di tutto ciò. I tre ordini di scuola sono ciascuno un Plesso. Alcuni Istituti Comprensivi hanno più Plessi per ciascun ordine di scuola perché diventano un plesso anche le sedi distaccate (cioè sparse sul territorio di cui l'Istituto Comprensivo raccoglie i bambini e i ragazzi).

SFIDA

Quanti **passi** ci sono tra **casa tua** e **la scuola**?

LA MATEMATICA E LA (S)FORTUNA

Sei superstizioso? Mi auguro di no! Comunque, immagino tu abbia sentito già parlare della pessima reputazione del numero 17. Si dice che porti sfortuna. Questa diceria ha un'origine e dunque una storia. Infatti, devi sapere che nel Medioevo c'era una grande ricerca di significati nascosti nelle parole e nei numeri. Molti di quelli che noi oggi definiamo giochi con le parole sono nati proprio in quel periodo e molto usati.

Il 17 si scrive, in numeri romani XVII. Se fai l'anagramma di queste lettere ottieni VIXI, che in latino è il passato remoto del verbo "vivere" e cioè "vissi". Ecco, la superstizione interpreta questo "vissi" come il parlare della vita, come un ricordo e dunque l'essere morti. Capito adesso da dove nasce la cattiva fama del 17? Ma dormi pure tra due guanciali: i numeri romani non si usano più e restano comunque numeri, non parole

27

I NOMI NON SONO IL TUO FORTE... E NEMMENO I COGNOMI! NE HAI CONFUSI DUE E HAI SCAMBIATO LA PROF DI ARTE PER LA PROF DI TECNOLOGIA.

- 2 punti

SKILLS

Ogni giorno si fa più interessante nel momento in cui scopri qualcosa che prima non sapevi. **Impara ogni giorno qualcosa di nuovo,** su un qualsiasi argomento.

MATERIA

Il Consiglio di Istituto viene eletto ogni tre anni. Il Dirigente Scolastico è membro di diritto, ma tutti gli altri componenti vengono eletti. All'Interno del Consiglio di Istituto sono rappresentanti i docenti, il personale ATA e i genitori. Il Presidente del Consiglio di Istituto viene scelto per votazione durante la prima seduta e non può essere il Dirigente Scolastico, ma è sempre un rappresentante dei genitori.

Qual è il congiuntivo trapassato di **"trapassare"**?

UNA MATERIA ANTICHISSIMA

La matematica, purtroppo, è una materia che spaventa molti studenti, eppure un buon rapporto con i numeri è indispensabile in molte circostanze. Per esempio, per calcolare quanto costa un prodotto scontato o per capire quanti pasticcini comprare per la tua festa di compleanno e quanto ti costeranno. La dimostrazione più chiara che la matematica è utile credo sia comunque il fatto che ci lavoriamo sopra da 40.000 anni. Questa, infatti, è l'età della prima rappresentazione dei numeri: 55 tacche, divise in gruppi di 5, incise su una tibia di lupo rinvenuta nel 1937 nella Repubblica Ceca (che all'epoca si chiamava Cecoslovacchia), a Vestonice.

28

TIRA IL DADO!

1

Sostieni che Cristoforo Colombo approdò in America nel 1942

(arretra di 1 casella)

2

Non ti ricordi se l'Impero Romano d'Occidente cadde nel 476 o nel 764

(- 1 punto)

3

Confondi Romolo e Remo con Castore e Polluce

(stai fermo un turno)

4

Non hai studiato storia perché eri convinto ci fosse geografia

(0 punti)

5

Credi che i Germani fossero Tedeschi

(lancia di nuovo il dado)

6

Attila, in fondo, non ti sembra un tipo malvagio

(dedicagli una poesia)

PROVA TU!

Scrivi una lettera al tuo docente più detestato. No, non deve essere una lettera d'odio: spiegagli che cosa dovrebbe modificare del suo modo di spiegare **per migliorare il vostro rapporto.**

....

....

....

....

....

....

29

MENTRE CORREVI IN CORRIDOIO HAI URTATO IL BULLO DELLA SCUOLA. È STATO UN BRUTTO MOMENTO, MA È PASSATO SENZA DANNI PER NESSUNO. PERÒ... FAI PIÙ ATTENZIONE!

- 1 punti

SKILLS

Prendersi cura di se stessi è il primo grande passo verso l'autonomia. Il primo passo verso la cura di se stessi è lavarsi. **Lavati!**

MATERIA

Il Consiglio d'Istituto svolge un ruolo importante: per esempio, approva il Piano dell'Offerta Formativa e il Bilancio dell'Istituto. Discute e approva tutto ciò che riguarda la scuola, dalle gite d'istruzione ai progetti speciali. Analizza ogni problema e ogni opportunità per favorire il meglio per gli studenti e l'andamento dell'Istituto.

Scrivi **1492** in numeri romani.

LA STATURA NON È TUTTO

Si dice spesso che i più portati per la pallacanestro siano i più alti. Vero, ma non del tutto! Per esempio, Tyrone Bogues, detto Muggsy, era alto solo 1 metro e 60 centimetri, ma fino al 2001 è stato un elemento di punta degli Charlotte Hornets, dei G. S. Warriors, e dei Toronto Raptors. Insomma, se hai talento, niente ti può fermare.

30

LA PROF DI MUSICA TI HA PREGATO DI DIMENTICARE A CASA IL FLAUTO DOLCE.

0 punti

SKILLS

Avere un bell'aspetto non è frivolezza, è **amore per se stessi.** Non mostrarti mai trascurato: dimostra che sai rispettarti.

MATERIA

Il calendario scolastico è deciso dalle Regioni. È quindi la tua Regione a decidere quale sarà il primo e quale sarà l'ultimo giorno di scuola. I singoli istituti, attraverso le decisioni dei Consigli di Istituto, hanno la facoltà di gestire i ponti, la giornata del Santo Patrono e poche altre festività al calendario regionale.

Quante righe devo tracciare per dividere una pagina bianca in **nove colonne**?

QUANDO COMPIE GLI ANNI IL BASKET?

Il basket (o, in italiano, pallacanestro) è uno degli sport più amati e spesso lo si pratica anche a scuola. Fu inventato da un insegnante di educazione fisica statunitense per tenere impegnati i giocatori di football americano nella stagione in cui non si potevano allenarsi all'aperto. Il nome del docente è James Naismith e depositò il regolamento del gioco il 15 gennaio 1892.

31

PRENDI LA TUA PRIMA INSUFFICIENZA! PERÒ ADESSO SEI UNO STUDENTE VERO... E NON SCONFORTARTI: CI SARANNO ALTRE VERIFICHE IN CUI POTRAI ANDARE MEGLIO.

4 punti consolazione

SKILLS

Bisognerebbe sempre fare tutto al meglio. Ci sono tanti ottimi motivi a sostegno di questa affermazione. Ma, soprattutto... perché no?

MATERIA

La sospensione è il più grave provvedimento disciplinare che il Consiglio di Classe può decidere per uno studente e consiste nell'allontanamento dalla scuola per alcuni giorni. La decisione può essere presa a fronte di comportamenti gravi e scorretti.

SFIDA

Quale numero è **divisibile** per **sette** tra **17**, **71** e **28**?

IL PESCE GIUSTO

Tutte le acque della Terra sono abitate, persino quelle freddissime dell'Antartico. Le gelide acque attorno al Polo Sud sono, infatti, abitate da pesci che hanno nel loro sistema una specie di sostanza antigelo. Si tratta di una proteina che impedisce hai loro fluidi di ghiacciarsi. Allo stesso modo, è sicuro che tu abbia dentro di te la maniera di resistere alle situazioni più estreme e di superarle. Cerca dentro di te e non scoraggiarti mai.

32

TIRA IL DADO!

1

Impari a suonare il flauto dolce con il naso

(3 punti)

2

Hai perso una parte del flauto dolce

(arretra di 2 caselle)

3

Ogni volta che suoni un “do” con il flauto dolce, dall’altra parte del globo un bicchiere si rompe

(1 punto consolazione)

4

Sostituisci il flauto dolce con la batteria

(avanza di 3 caselle)

5

La prof di musica ti prega di smettere di suonare

(0 punti)

6

Quando ti eserciti con il flauto dolce, il tuo cane ulula

(stai fermo un turno)

PROVA TU!

Completa il testo che trovi iniziato qui sotto.

A CARNEVALE MI VESTIRÒ DA NUVOLA PERCHÈ ....

....

....

....

....

PER VESTIRMI DA NUVOLA USERÒ

....

....

....

....

....

....

33

AL TERMINE DELLA RICREAZIONE NON HAI SENTITO LA CAMPANELLA E NON TI SEI NEMMENO DOMANDATO PERCHÉ TUTTI STESSERO RIENTRANDO IN AULA. RISULTATO? TORNI IN CLASSE CON CINQUE MINUTI DI RITARDO.

-3 punti

SKILLS

Non scommettere tutto sull'apparenza. L'apparenza, infatti, tende a svanire appena ti distrai. E, fidati, distrarsi è più facile di quel che sembra.

MATERIA

Il docente coordinatore è un professore del Consiglio di Classe che si occupa di coordinare i lavori del Consiglio di Classe ed è l'interlocutore privilegiato di genitori, studenti e colleghi per quanto riguarda l'andamento della classe e dei fatti importanti che vi accadono.

SFIDA

Il **Triangolo** delle **Bermuda** è:

- [ ] EQUILATERO
- [ ] ISOSCELE
- [ ] SCALENO

L'UNICO POSTO AL MONDO

L'Europa è l'unico continente del Pianeta a non avere deserti né caldi né freddi. Tutti gli altri continenti hanno aree desertiche. La più vasta al mondo è il Sahara, che si trova in Africa. La seconda area desertica più estesa al mondo è in Australia, nella porzione centro-occidentale del continente. Eppure alcune regioni dell'Europa meridionale sono a rischio di desertificazione per le mutazioni climatiche, gli effetti dell'inquinamento e una poco accurata politica del territorio. Insomma, impara: non c'è vantaggio capace di tenerti alla larga dai guai se non presti un po' di attenzione a ciò che fai.

34

TI SEI PERSO NEL PARCHEGGIO DELLA SCUOLA CERCANDO L'AUTO DEI TUOI GENITORI.

-1 punto

Sii originale, non vistoso. Quelli vistosi finiscono per annoiare, quelli originali continuano a stupire.

Il vicario è la figura che affianca il Dirigente Scolastico. Lo sostituisce in caso di assenza e può essere delegato per le più varie incombenze. Molti lo chiamano anche "il Vice".

Qual è l'altro nome della **chiave di violino**?

....

L'IMPRONTA ECOLOGICA

Hai presente quando cammini sulla spiaggia, oppure nella neve, e alle tue spalle resta la traccia del tuo cammino? Con le risorse del pianeta funziona circa nello stesso modo: ogni azione che compi, da vestirti, a mangiare, a spostarti, lascia un'impronta. Gli scienziati misurano l'impronta ecologica della vita di ciascuno e la sua unità di misura sono gli ettari. Ogni giorno, ciascuno di noi lascia un'impronta ecologica misurabile: quanto più è piccola, tanto più è facile per il pianeta tollerarci. Pensaci ogni volta che compri qualcosa o scegli il mezzo con cui viaggiare.

35

FESTEGGI IL TUO COMPLEANNO A SCUOLA! OFFRI CARAMELLE E DOLCETTI A TUTTI I TUOI COMPAGNI. AVANZA DI UNA CASELLA.

2 punti

SKILLS

Non avere paura di non essere uguale agli altri. Se tutti fossimo uguali, saremmo intercambiabili. Per fortuna, invece, **siamo tutti unici.**

MATERIA

Le gite d'istruzione sono viaggi che possono durare un'intera giornata o, in base alla disponibilità e alle valutazioni dei docenti, più giorni. Le gite d'istruzione, come dice il nome, sono parte dell'attività didattica e devono essere funzionali e integrate al programma scolastico.

Davvero **Beethoven** era **sordo**?

SÌ NO

SI FA PRESTO A DIRE LINGUA!

Le lingue parlate al mondo non sono solo quelle nazionali. Ogni popolo ha la propria lingua e al mondo ci sono più popoli che nazioni. Sono riconosciute ufficialmente come lingue anche molti dialetti. Pensa che solo tra le lingue a rischio di estinzione se ne contano 2500! Dai, tu almeno due o tre lingue nazionali le devi imparare, altrimenti che cittadino del mondo sei?!

36

TIRA IL DADO!

1

È il tuo compleanno, ma non puoi festeggiare perché ti viene la febbre
(5 punti consolazione)

2

Compi gli anni e i tuoi compagni ti preparano una festa a sorpresa
(avanza di 1 casella)

3

Compi gli anni, ma non hai voglia di festeggiare
(stai fermo un giro, mentre mi spieghi perché!)

4

Compi gli anni e porti a scuola qualche dolcetto per il tuo compleanno
(1 punto)

5

Compi gli anni e la prof decide che ti farà il regalo di non interrogarti, ma tu avevi studiato!
(0 punti)

6

Compi gli anni e la prof ti fa il regalo di non interrogarti... per fortuna, perché non avevi studiato niente!
(-1 punto)

PROVA TU!

La persona che al mondo ti è più amica! **Scrivi un biglietto d'auguri** che contenga una descrizione del tuo affetto e che le auguri le migliori cose che desidera. No, aspetta, non ti basterà scrivere "ti voglio bene" oppure "che si realizzino i tuoi desideri"! Devi proprio scendere nei dettagli. **Non si può essere pigri con le persone preziose!**

....

....

....

....

....

....

37

PRENDI UN OTTIMO VOTO IN UNA MATERIA CHE DETESTI. SEI COSÌ FELICE CHE SALTI IN AVANTI DI DUE CASELLE.

3 punti

SKILLS

Non sempre la maggioranza ha ragione. Infatti, l'opinione più diffusa non è per forza la più giusta. **Informati sempre bene prima di scegliere da che parte stare,** senza farti influenzare.

MATERIA

Le uscite didattiche sono attività che si svolgono fuori dalla scuola, in orario scolastico, per un'intera mattinata o per parte di essa.

Il ***Signore degli Anelli*** è **fantasy** o **fantascienza**? Perché?

IL NOME DEI VULCANI

Secondo il mito, il dio Vulcano forgiava le armi degli dèi ma, soprattutto, era il dio del fuoco e divinità distruttrice. Si racconta che vivesse in Sicilia, nel cuore del vulcano Etna. Proprio grazie a questo mito, tutte le montagne che eruttano fuoco si chiamano vulcani. Insomma, da nome proprio a nome comune è stato un attimo. Anche nella vita ci sono circostanze che sembrano episodi singolari ma che in realtà hanno la capacità di condizionarci. Cerca di ricordartene!

38

LA PROF DI MATEMATICA HA DECISO CHE POTETE USARE LA CALCOLATRICE, MA LA TUA SI ROMPE APPENA LA TOGLI DALL'ASTUCCIO. DORMICI SOPRA E ARRETRA DI 2 CASELLE.

1 punto consolazione

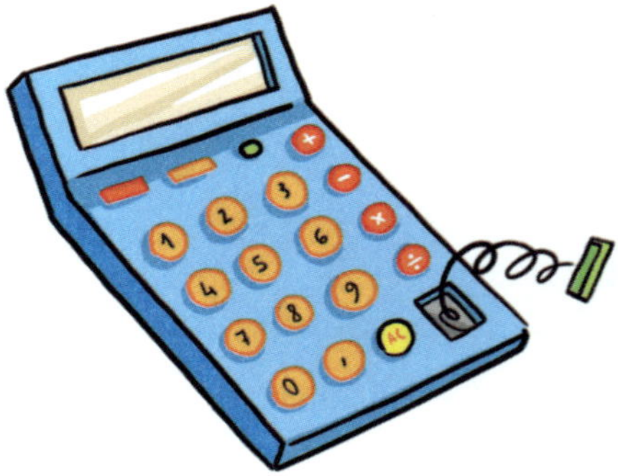

SKILLS

Impara a stare in minoranza. Trovarsi ad avere un **parere contrario** a quello della maggioranza e imparare a difenderlo è un'interessante esperienza.

MATERIA

I progetti sono attività scolastiche che coinvolgono una o più materie. Si possono svolgere all'interno o al di fuori dell'orario scolastico e sono un potenziamento delle attività usuali.

SFIDA

Quanti sono i **mammiferi** che **vivono in acqua**?

....

....

....

SPOSTARE TUTTO

La diga di Assuan è una delle due dighe che si trovano lungo il corso del fiume Nilo. La sua costruzione cominciò nel 1960 e fu da subito chiaro che il suo invaso (cioè la quantità di acqua che avrebbe raccolto e poi gradualmente rilasciato), avrebbe portato all'allagamento di alcuni importanti siti archeologici. Intervenne allora l'UNESCO (l'Organizzazione delle Nazioni Unite per l'Educazione, la Scienza e la Cultura) che richiese un piano d'intervento per la salvaguardia dei beni storici. L'operazione di salvaguardia fu straordinaria e molte antiche opere vennero donate ai più importanti musei archeologici del mondo, quindi smontate e poi ricostruite. Fui però straordinaria la storia del tempio di Abu Simbel, letteralmente traslocato, salvaguardandone tutte le caratteristiche, in una località più a nord. Il trasferimento fu opera della collaborazione di 113 Nazioni, tra cui l'Italia. Non sottovalutare mai il potere della collaborazione!

39

PRENDI IL TUO PRIMO 10. GRANDISSIMO! HAI CAPITO COME FUNZIONA E HAI INVESTITO LE TUE ENERGIE PER UN BUON ESITO. FERMATI UN GIRO PER RIPRENDERTI.

5 punti

SKILLS

Non imitare nessuno. Puoi prendere esempio, ma non imitare: ricordati che **sei un essere unico e originale!**

MATERIA

Le prove oggettive sono quelle il cui risultato può essere quantificato in percentuale (e da lì tradotto in voto). Sono un esempio classico di prove oggettive i test di algebra, ma anche le prove di grammatica italiana o straniera.

SFIDA

Come si dice "**miao**" in inglese?

COSTRUZIONI ANGELICHE

Al nord dell'Etiopia, nella località di Lalibela, si trovano delle splendide chiese rupestri, cioè scavate nella roccia e antiche di quasi mille anni. Poiché non c'è chiarezza su chi le costruì, la leggenda vuole che vennero create per mano stessa degli angeli, che divennero per l'occasione ingegneri, architetti, muratori e scultori. Insomma, è abbastanza comune che la storia venga sovrastata da una versione dei fatti più poetica e sognante.

40

TIRA IL DADO!

1
Vai bene in tutte le materie, non sai nemmeno tu perché
(2 punti)

2
Vai male in tutte le materie, non sai nemmeno tu perché
(0 punti)

3
Studi tantissimo, persino troppo!
(avanza di 2 caselle)

4
Studi troppo poco, pochissimo
(arretra di 2 caselle)

5
Studi il giusto e i tuoi voti non sono niente male
(7 punti)

6
Scuola? Come? È già cominciata?!
(stai fermo un turno)

PROVA TU!

Studia l'itinerario del tuo viaggio ideale. **Disegnalo su una mappa**, dalla porta di casa tua fino a destinazione e ritorno, scegliendo i mezzi e quantificando i tempi e i costi. **Puoi usare lo spazio quadrettato qui sotto.**

41

IN GIRO PER LA CITTÀ INCONTRI UN TUO COETANEO. È UN TUO COMPAGNO DI CLASSE, MA NON LO HAI RICONOSCIUTO! ARRETRA DI 2 CASELLE.

-2 punti

SKILLS

Coltiva ciò che ti rende unico. Per farlo, però, devi prima scoprire quali sono le tue **personali caratteristiche di maggior spicco.** Pensaci!

MATERIA

La scuola si sta orientando sempre di più a osservare, valutare e accrescere le competenze degli studenti. **Ciò comporta una ancora più attenta operazione di interdisciplinarietà,** cioè connessioni forti tra le materie di studio.

SFIDA

A Roma, nel **1322**, si cucinava la **pasta con il pomodoro**?

SÌ   NO

UNA CAPITALE NUOVA DI ZECCA

Ci sono città che vantano una storia millenaria e ci sono città che nascono nuove di zecca e subito diventano mete turistiche molto apprezzate. È questo il caso di Brasilia, che nel 1960 divenne la nuova capitale del Brasile. Venne costruita in soli 41 mesi (tra il 1956 e il 1960) con il contributo di bravissimi architetti coordinati da Oscar Niemeyer. Oggi conta più di tre milioni di abitanti. Insomma, non importa quanti anni hai: puoi sempre essere splendente.

42

IN CLASSE SERVE UN QUADERNO A RIGHE, MA TU HAI SOLO QUADERNI A QUADRETTI.

-4 punti

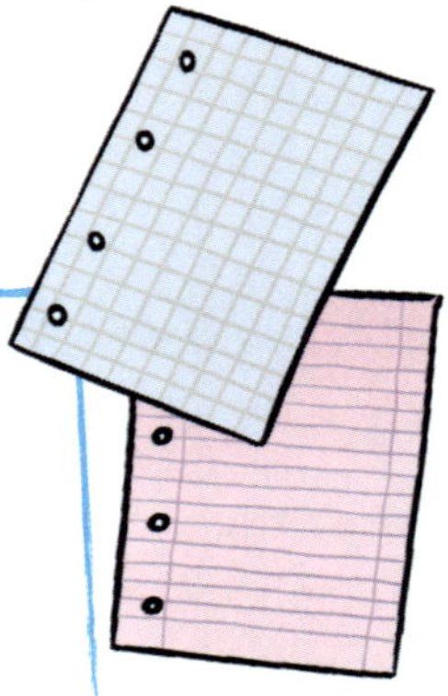

SKILLS

Lo studente non è il voto che ottiene. Il voto è la misurazione della conoscenza. La valutazione complessiva, che si traduce nel voto finale, tiene conto di tutti i fattori che concorrono nel creare la vita scolastica di un individuo. Una valutazione insoddisfacente si rimedia studiando di più ma anche migliorando il rapporto della persona con tutto l'insieme di fatti, relazioni, persone che costruiscono la scuola.

MATERIA

L'anno scolastico dei docenti non inizia con il primo giorno di scuola. **I docenti si riuniscono e lavorano, insieme e singolarmente, già dall'inizio di settembre o dalla fine di agosto.** Alla stessa maniera, i docenti lavorano oltre l'ultimo giorno di scuola, per chiudere il loro anno scolastico tra la fine di giugno e l'inizio di luglio.

SFIDA

Se viaggio da **Verona** a **Roma**, **cambio parallelo**?

SÌ NO

PERCHÉ? PERCHÉ? PERCHÉ?

Hai mai fatto le bolle di sapone? Se sì, sai che possono allungarsi mentre le soffi, ma una volta liberate nell'aria diventano tutte rotonde. Come mai? Perché al loro interno il gas spinge con uguale forza in tutte le dimensioni. Se questa ti sembra una curiosità di poco conto, posso capirti. Ti invito però a riflettere che la fisica, che è una delle branche della scienza, nasce proprio per rispondere alle domande bizzarre, alcune delle quali hanno comportato grandi svolte per la storia dell'umanità. Una su tutte, quella che si pose Isaac Newton quando chiese a se stesso: "Perché tutto finisce per cadere verso il basso?" Sono partiti da lì tutti gli studi sulla gravità! Mai sottovalutare le domande!

43

IL PANORAMA FUORI DALLA FINESTRA TI HA DISTRATTO E HAI PERSO LA SPIEGAZIONE DELLA PROSSIMA PROVA.

0 punti

SKILLS

Impegnati sempre al massimo, non solo a scuola. Comportati così anche nelle attività che svolgi a casa o negli altri ambienti e gruppi che frequenti.

MATERIA

Il supplente è la figura che sostituisce il docente quando è assente per ragioni personali o per malattia. Il supplente è a tutti gli effetti il nuovo docente della classe, fino a quando il titolare della cattedra non rientrerà a scuola.

SFIDA

In **Australia** si guida **tenendo la destra** o **la sinistra**?

- [ ] LA SINISTRA
- [ ] LA DESTRA

BEETHOVEN E LA SECONDA GUERRA MONDIALE

Durante la Seconda Guerra Mondiale le trasmissioni di Radio Londra venivano ascoltate clandestinamente per conoscere i veri sviluppi del conflitto e non la campagna propagandistica delle dittature. Le trasmissioni cominciavano con le prime note della *Sinfonia n. 5 in do minore* di Ludwig van Beethoven: sol, sol, sol, mi bemolle. In linguaggio Morse sarebbero: punto, punto, punto, linea e cioè la lettera V, che sta per "vittoria". Insomma, bisogna sempre tenere le orecchie ben tese.

44

TIRA IL DADO!

1

Hai fatto tutti i compiti, ma per il giorno sbagliato
(stai fermo un giro, per ritrovare la concentrazione)

2

Hai fatto tutti i compiti in anticipo, ma troppo in anticipo e adesso ricordi poco della lezione
(0 punti)

3

Non hai fatto nemmeno un compito, per scelta
(arretra di 2 caselle)

4

Non ti piace fare i compiti, ma hai capito che farli ti leva di torno tantissimi guai
(avanza di 7 caselle)

5

I compiti di alcune materie ti divertono, quelli di altre ti fanno venire sonno
(1 punto consolazione)

6

Tu non ti limiti a non fare i compiti: istighi gli altri a non farli!
(-2 punti)

PROVA TU!

Scrivi una lettera al docente che ti sta più simpatico. No, no, non deve essere una sviolinata. Deve essere una bella lettera cordiale, in cui sottolinei che cosa ti piace della sua disciplina e che cosa ti piace del suo modo di gestire le lezioni. Sì, puoi giocare un po' sporco facendo leva sulla commozione... **questo può essere lecito!**

45

IL COMPITO IN CLASSE ERA PROGRAMMATO, MA TE NE SEI COMPLETAMENTE SCORDATO. ARRETRA DI UNA CASELLA E IN BOCCA AL LUPO!

-1 punto

SKILLS

Fare volentieri le attività che piacciono è normale. **Capita però di dover svolgere attività meno gradite o, a volte, proprio sgradite.** L'obiettivo da raggiungere è applicarsi sempre con lo stesso entusiasmo.

MATERIA

Può capitare che alcuni docenti possano assentarsi per partecipare a un'**Assemblea Sindacale. Sono le riunioni con i rappresentanti dei Sindacati** nel corso delle quali si discutono i diritti e i doveri dei docenti nelle più svariate circostanze.

SFIDA

Il soldatino di piombo è una **favola** o una **fiaba**?

- [ ] FAVOLA
- [ ] FIABA

MAI PIÙ!

La famiglia Mendelssohn aveva due figli: Felix (nato nel 1809) e Fanny (nata nel 1805). Entrambi i bambini amavano la musica ed entrambi rivelarono molto precocemente un talento straordinario. Oggi, Felix Mendelssohn è considerato uno dei più grandi musicisti della sua epoca. E Fanny? Niente. Lei è solo un nome secondario emerso di recente.

Perché? Perché all'epoca l'istruzione delle donne non era considerata opportuna. Sarebbe bello non accadesse mai più.

46

HAI STUDIATO TANTO... PECCATO FOSSE IL CAPITOLO SBAGLIATO! DEVI UN PO' MIGLIORARE L'ATTENZIONE.

5 punti consolazione

SKILLS

Nessun centometrista batte un record alla prima corsa. Perché? Perché per fare bene le cose serve allenamento, molto allenamento. Non pretendere di fare subito il tuo meglio, ma esigi di essere **ben allenato** per poter raggiungere l'obiettivo che ti prefisserai.

MATERIA

L'elezione di studenti che assolvano al ruolo di rappresentanti di classe non è obbligatoria, ma è utile. Non solo è un buon allenamento alla rappresentanza, ma può facilitare il rapporto degli studenti con la scuola.

SFIDA

Come si può andare da **Torino** a **Tunisi** percorrendo solo **un tragitto su terraferma**?

....

....

....

....

NON GIUDICARE MAI DALLE APPARENZE

Assomiglia a un bellissimo fiore, può essere rosso, arancio o quasi viola e si chiama "giglio di mare", ma in realtà è un animale che vive sott'acqua. Per nutrirsi filtra il cibo dall'acqua grazie alla sua corona di braccia (cirri) dotate di fitte ramificazioni laterali simili a piume. Dall'uovo nasce una larva che si fissa sul fondo e solo quando avrà assunto la forma del "fiore" si staccherà per iniziare a nuotare.

47

HAI DIMENTICATO IL MATERIALE NECESSARIO PER LA LEZIONE DI EDUCAZIONE ARTISTICA. PRENDI UNA NOTA.

-2 punti

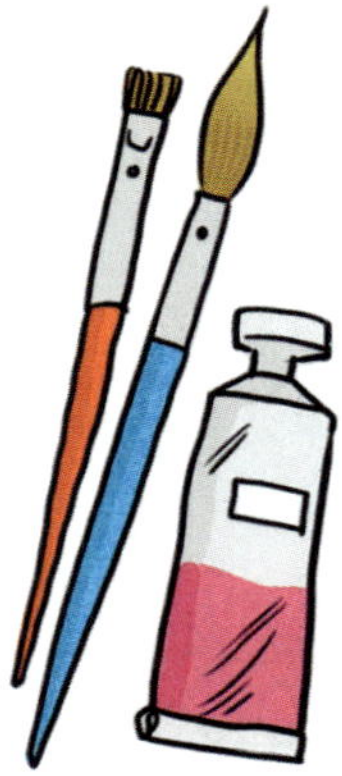

SKILLS

Sbagliare è utile.
Sembra strano, ma è proprio così: se sbagli una volta e ci resti male, imparerai a prepararti meglio e a ricordare gli errori da non commettere.

MATERIA

Accade che in aula ci possano essere due docenti. Si chiama "compresenza" e può essere sfruttata per svolgere particolari tipi di lezione o per organizzare la classe in gruppi che svolgono lavori differenti.

SFIDA

Da che parte si gira per **avvitare**?

- [ ] IN SENSO ORARIO
- [ ] IN SENSO ANTIORARIO

IL COLORE DELL'UNIVERSO

Come ti immagini l'universo? Una vasta distesa di nero screziato d'argento? O forse di blu puntinato di bianco. Sbagliato. Nel 2001, dopo aver analizzato la luce proveniente da oltre due milioni di stelle, alcuni ricercatori della prestigiosa università americana John Hopkins, stabilirono che l'universo era verde chiaro. Ma pochi giorni dopo furono costretti a smentirsi, avevano sbagliato i calcoli: l'universo è beige.

48

TIRA IL DADO!

1

La tua memoria non ti tradisce mai, è come un fido alleato

(1 punto)

2

Se c'è qualcosa su cui non puoi contare è la tua memoria: fa acqua da tutte le parti!

(1 punto consolazione)

3

Il lungo allenamento della tua memoria sta dando risultati. Complimenti!

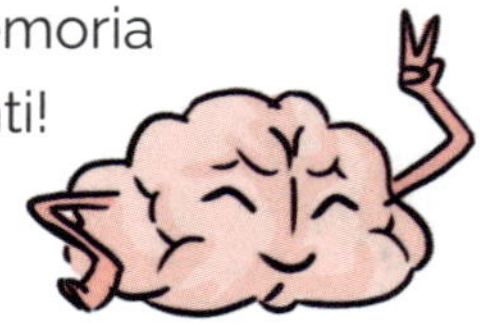

(3 punti)

4

Ricordare qualcosa? Non serve a niente!

(-2 punti)

5

La tua memoria funziona: sei tu che non le dai l'occasione per lavorare!

(arretra di 3 caselle)

6

Non sai nemmeno come sia la tua memoria: tu conti su quella dei tuoi vicini di banco!

(stai fermo un giro)

PROVA TU!

Tutti i bambini piccoli hanno un **pupazzo preferito**, che portano ovunque e che ricordano con simpatia per tutta la vita.
Anche tu ne avevi uno, vero?
Ecco, qui di seguito scrivi che cosa racconterebbe di te il tuo pupazzo prediletto!

....

....

....

....

....

....

49

LE SQUADRE PER IL DISEGNO TECNICO LE HAI... MA TI CADONO E SI ROMPONO LE PUNTE.

3 punti consolazione

SKILLS

Se non riesci al primo colpo, riposa. Dopo aver mancato un obiettivo, la cosa più sbagliata è ritentare subito. **Aspetta. Ragiona. Preparati. Riparti!**

MATERIA

Gli assistenti *ad personam* sono parte del personale della scuola, anche se solitamente non sono dipendenti del Ministero dell'Istruzione. Il loro incarico è **seguire gli studenti con handicap** che vivono meglio la scuola affiancati da qualcuno che li aiuti a provvedere alle loro necessità personali.

Quali sono gli **ingredienti** per il **porridge**?

. . . .

. . . .

. . . .

. . . .

I CENTOPIEDI HANNO CENTO PIEDI?

La risposta è no. Alcuni ne hanno di più, altri di meno, possono averne meno di venti o più di trecento. La curiosità è che il numero di paia di zampe è sempre dispari e varia da 15 a 191 e il primo paio è velenoso. Vi è però un'eccezione: nel 1999 è stato scoperto un centopiedi che ha *quasi* 100 piedi, 96 per l'esattezza e quindi ha un numero pari di paia di zampe, 48 per l'appunto. Attenzione: a volte il nome inganna!

50

DURANTE LA VERIFICA, LA DOCENTE DI SCIENZE SI ACCORGE CHE STAI COPIANDO DA MINUSCOLI BIGLIETTINI. FERMATI PER UN GIRO E PENSACI SU.

-2 punti

SKILLS

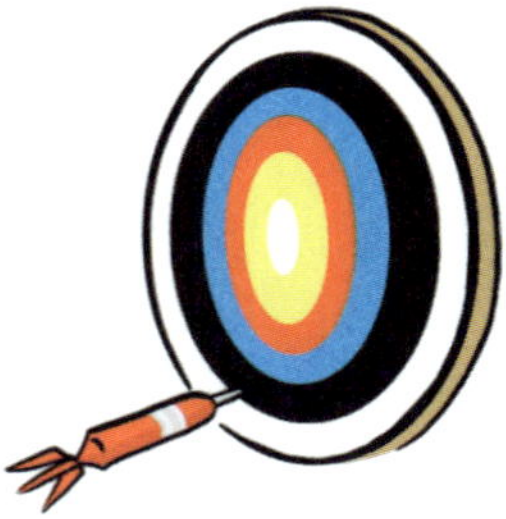

C'è sempre un'altra possibilità. Quando ti accorgi di aver sbagliato il percorso o di aver preso male la mira, sappi che non è un problema: **davvero, c'è sempre un'altra possibilità.**

MATERIA

L'orario scolastico è la distribuzione delle materie nei giorni di lezione. La sua formulazione avviene in modo che le materie siano distribuite omogeneamente e alternate in maniera opportuna.

SFIDA

Vale di più l'**euro** o la **sterlina**?

☐ **EURO**

☐ **STERLINA**

ORTICHE NELLE UNIFORMI

Durante la Prima Guerra Mondiale, la Germania si ritrovò senza scorte di cotone per le uniformi militari. Gli scienziati iniziarono a studiare il problema e la soluzione fu mescolare un piccolo quantitativo di cotone alle ortiche. Tranquilli: le uniformi non pungevano, per la preparazione del tessuto non venivano usate le foglie urticanti ma solo le lunghe fibre degli steli. Talvolta anche le "erbe cattive" possono rivelarsi estremamente utili e preziose!

51

DURANTE UN'INTERROGAZIONE, NON RESISTI ALLA TENTAZIONE E SUGGERISCI LA RISPOSTA A UN TUO COMPAGNO.

3 punti

SKILLS

Il corpo vale quanto la mente. Coltiva le tue capacità intellettuali, ma tieni nella stessa considerazione anche il tuo benessere fisico: **mangia bene, fai esercizio e riguardati.**

MATERIA

I compiti a casa vengono assegnati per consolidare le conoscenze acquisite in classe. Non vale la pena di farli tutti insieme con troppo anticipo, ma nemmeno occupartene solo all'ultimo minuto. L'ideale è distribuirli in maniera omogenea durante la settimana, esercitandoti un po' tutti i giorni.

SFIDA

Come si **friggevano** le patatine a **Firenze**, nel **1127**?

. . . .

. . . .

. . . .

UN MONDO NUOVO SCOPERTO IN HIMALAYA ORIENTALE

Tra il 2009 e il 2014 sull'Himalaya sono state scoperte 211 nuove specie di piante e animali, tra cui una scimmia che starnutisce quando piove per la strana forma delle sue narici che raccolgono l'acqua, un pesce con la testa di serpente che è in grado di sopravvivere fuori dall'acqua fino a 4 giorni e una minuscola rana dagli occhi grigio-azzurri grande come un'unghia. Ma il loro habitat rischia di essere distrutto a causa dell'inquinamento e della deforestazione. Proteggiamo il nostro mondo!

52

TIRA IL DADO!

1

Ti perdi durante l'esercitazione antisismica

(0 punti)

2

Usi il tuo cellulare per scattare fotografie a scuola

(arretra di 2 caselle)

3

Hai perso gli appunti che ti ha prestato un tuo compagno

(stai fermo un giro!)

4

Conosci tutte le capitali d'Europa

(4 punti)

5

Il tuo elaborato di educazione tecnica ha fatto piangere di felicità il docente

(6 punti)

6

Fai versi di nascosto per disturbare la lezione

(-4 punti)

PROVA TU!

Se uno squalo, predatore degli oceani, incontrasse una piccola sardina, quale potrebbe essere il **dialogo tra loro**?
Se stai pensando di disegnare solo bollicine che escono da bocche subacquee, ti stai sbagliando di grosso! Vorrei proprio che tu scrivessi **un bel dialogo fantasioso e gradevole da leggere.**

53

MANGI DI NASCOSTO IN CLASSE, MA TI VA DI TRAVERSO UNA BRICIOLA E LA PROF DEVE VENIRE IN TUO SOCCORSO.
STAI FERMO UN GIRO.

0 punti

SKILLS

Scegli con cura le persone con le quali trascorrere il tuo tempo. Le persone di cui ti circondi sono il tuo mondo e ti meriti di vivere in un mondo senza violenze, scorrettezze, prevaricazioni e bugie. Scegli bene!

MATERIA

La verifica scritta è l'equivalente scritto di un'interrogazione. Ti serve per dimostrare quanto sai dell'argomento e per capire se la tua prestazione è adeguata alle esigenze dell'insegnante.

SFIDA

Scrivi il **Teorema di Pitagora** nella **seconda lingua straniera** che viene insegnata nella tua scuola.

. . . .

. . . .

. . . .

. . . .

CAMBIAMENTO CLIMATICO

Il deserto del Sahara continua ad allargarsi. Oggi occupa ormai 8,6 milioni di chilometri quadrati, circa il 6% delle terre emerse. Il cambiamento climatico e soprattutto il drastico calo delle precipitazioni sono i responsabili di questa continua espansione che mette a repentaglio la sopravvivenza di milioni di persone. Nei prossimi cento anni però, secondo alcuni studi, il riscaldamento globale provocherà un'inversione dell'attuale tendenza con un aumento delle precipitazioni e il Sahara potrebbe trasformarsi in savana.

54

TI VIENE NEGATO IL PERMESSO DI ANDARE IN BAGNO.

4 punti consolazione

SKILLS

Non trascurare nessuno. Ognuna delle persone che popola il tuo ambiente è importante. Osserva tutti, conoscili bene, **diventa una parte gradevole della loro esistenza.**

MATERIA

L'interrogazione orale è un momento di verifica delle tue conoscenze. Impara a padroneggiare la tua esposizione, usa un lessico appropriato, parla in maniera convincente, avvincente e competente.

Mangi molto **cloruro di sodio** (**NACl**)?

SÌ NO

CIAO, CIAO!

Quello che per noi è il saluto più comune deriva dalla parola latina "sclavum", passando per l'espressione veneziana "s'ciao", per dire "vi sono schiavo", forma di saluto un tempo reverenziale, considerata sempre più informale con il passare del tempo. Poco dopo il nostro "ciao" è diventato davvero internazionale e oggi lo si usa in diversi Paesi, tra cui Francia, Romania, Germania, Lituania, Portogallo, Spagna, dove spesso però si usa solo quando ci si lascia e non quando ci si incontra.

55

AIUTI UN TUO COMPAGNO A CAPIRE LA DIFFERENZA TRA I NOMI SOVRABBONDANTI E I NOMI COLLETTIVI. BEN FATTO! AVANZA DI TRE CASELLE.

5 punti

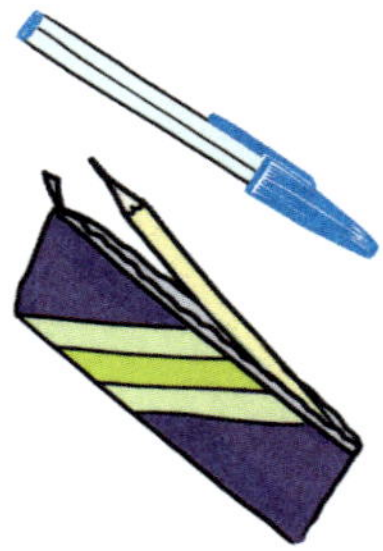

SKILLS

Impara a fare **complimenti.** Dimostrerai così di essere una persona attenta, priva di gelosie e costruttiva.

MATERIA

Esistono docenti che fanno preferenze? **I docenti sono persone come tutte e può capitare che occasionalmente manifestino simpatie più o meno spiccate.** Non è bello, ma può succedere. La somministrazione di prove oggettive serve proprio per evitare valutazioni inique.

SFIDA

A casa, hai più **calzini destri** o **sinistri**?

VIVA LA SICUREZZA IN AUTO

Fu il francese Gustave Desirè Lebeau a inventare le cinture di sicurezza per automobili. Era il lontano 1903 e nel depositare il suo brevetto le chiamò "bretelle protettrici". Ma cominceranno a essere installate di serie sulle auto solo agli inizi degli anni '60. In Italia sono diventate obbligatorie nel 1988, e si parlava solo di cinture anteriori, per quelle posteriori l'obbligo è arrivato nel 2003, cento anni dopo la loro invenzione. Si calcola che abbiano evitato un terzo degli incidenti mortali. Non dimenticare mai di allacciarle!

56

TIRA IL DADO!

1

Per andare a scuola ti vesti come piace a te,
anche se non va di moda

(8 punti)

2

Vai a scuola solo con abiti che
piacciono ai tuoi compagni di classe

**(stai fermo un giro e pensa
a cosa ti piace veramente)**

3

Ti sei scordato della tua parte
per un lavoro di gruppo

(-3 punti)

4

Dici ai tuoi genitori che vai a fare i compiti
e invece vai a spasso con gli amici

(arretra di 2 caselle)

5

Continui a perdere la gomma per cancellare

(1 punto consolazione)

6

Sai imitare tutti i tuoi docenti

(3 punti)

PROVA TU!

I tuoi genitori ti avranno di sicuro raccontato molte cose della tua **prima infanzia** e delle tue mini-avventure da piccolo, quelle che loro guardavano ridendo con gli occhi e con il cuore. Immagina che una gallina faccia lo stesso con il proprio uovo. **Che cosa gli direbbe del loro passato insieme?**

....

....

....

....

....

....

57

COMBINI UN GUAIO TALMENTE GROSSO CHE FINISCI NELL'UFFICIO DELLA DIRIGENTE SCOLASTICA! ARRETRA DI UNA CASELLA.

-4 punti

SKILLS

Accetta i complimenti! Qualcuno, quando riceve complimenti, si trova nell'imbarazzo di non sapere come reagire. Tu accetta i complimenti sorridendo e rispondi: "Grazie!"

MATERIA

Il cooperative learning è una dinamica per favorire (come dice il nome) la cooperazione tra studenti, che possono supportarsi l'uno con l'altro, potenziando le capacità di ciascuno e rafforzando l'autostima perché ciascuno può rendersi utile con il proprio contributo.

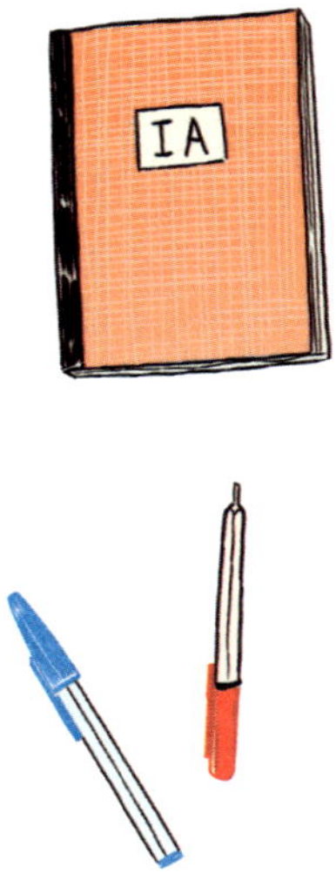

SFIDA

Come si chiama, in **tedesco**, il **Cappellaio Matto** di *Alice nel Paese delle Meraviglie*?

PERCHÉ LA BIRO SI CHIAMA COSÌ?

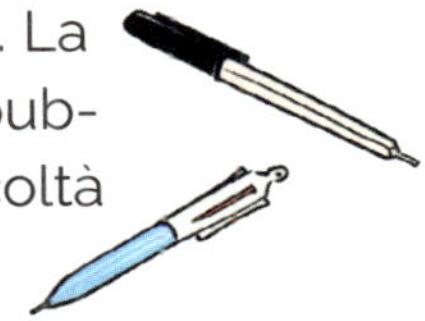

Il nome deriva dal suo inventore, l'ungherese László József Biró che la brevettò nel 1938. La produzione delle prime biro per la vendita al pubblico cominciò nel 1945, ma presentava difficoltà e costi elevati. Disilluso, László cedette il suo brevetto a Marcel Bich, un barone francese di origini italiane. Con poche modifiche Bich riuscì a creare un prodotto che poteva vendere a un prezzo molto basso: era nata la BiC. Si calcola che si vendono circa 14 milioni di BiC Cristal ogni giorno!

58

LA PROF DI LETTERE TI TRATTA MEGLIO PERCHÉ SEI CAPACE DI CONSULTARE IL DIZIONARIO.

0 punti

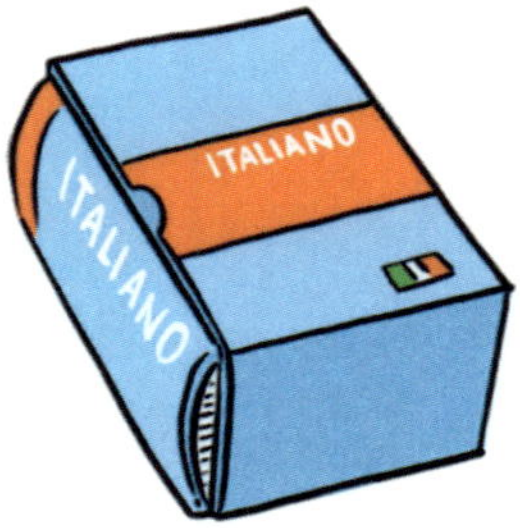

SKILLS

Accetta le critiche.
Le **critiche** non sono tentativi di distruzione del tuo operato. Le critiche ben fatte ti aiutano a migliorare, indicando i punti che puoi migliorare e rinforzare.

MATERIA

I libri di testo si acquistano prima dell'inizio dell'anno scolastico. L'elenco è fornito dalla scuola alla fine dell'anno precedente. Si devono acquistare tutti i testi adottati e obbligatori, mentre è facoltativo l'acquisto di quelli consigliati.

Quante **settimane** servono per formare un **anno scolastico**? La validità dell'anno scolastico si ottiene con almeno **200 giorni di lezione.**

IL CANESTRO DEL BASKET

La pallacanestro, come abbiamo già visto, fu inventata da James Naismith, nel 1892. Allora il campo era grande circa la metà di quello attuale e alle estremità, appese al muro, erano sistemate due ceste di vimini. Ogni volta che si faceva canestro, la palla doveva essere recuperata salendo su una scala. Faticoso fare il raccattapalle a quei tempi! Nel 1894 il cesto fu sostituito da un anello metallico al quale era attaccata una rete, ma solo nel 1912, qualcuno ebbe l'idea geniale di tagliarne il fondo.

59

LITIGHI CON IL TUO MIGLIORE AMICO. FATTI FORZA E AVANZA DI 1 CASELLA.

2 punti consolazione

SKILLS

Impara a esprimere **critiche costruttive.** Le critiche costruttive sono quelle che aiutano a fare di meglio e incoraggiano i tuoi amici.

MATERIA

Le prove possono essere programmate, ma è giusto che – per incoraggiare gli studenti a studiare con regolarità – il docente possa proporre prove orali o scritte non pianificate.

Quante **falangi** hai?

SEI UN PO' ROCK?

La prima chitarra elettrica fu realizzata nel 1931 da Adolph Rickenbacker che ebbe l'idea di collocare un microfono nella cassa acustica di una normale chitarra e collegarlo a un amplificatore. Sarà poi l'inventore e musicista Les Paul a perfezionare l'idea e a trasformarla nello strumento che oggi tutti conosciamo, uno strumento che ha rivoluzionato la storia della musica e ha permesso la nascita del rock.

60

TIRA IL DADO!

1

Hai litigato con tutta la classe
(stai fermo un giro e impara a costruire buoni rapporti)

2

Il tuo compagno di classe si è preso una lavata di capo, ma per errore la nota viene messa a te
(2 punti consolazione)

3

Nella correzione del compito in classe, il prof non ha notato un tuo errore, ma tu sei una persona onesta e glielo dici
(avanza di 1 casella)

4

Nella correzione del tuo compito in classe è stato segnato un errore che non esiste
(1 punto consolazione)

5

Hai riso di un compagno di classe è scoppiato in lacrime
(-5 punti)

6

Un tuo compagno di classe era molto avvilito e tu lo hai consolato
(8 punti)

PROVA TU!

Ciascuno di noi ha provato la spiacevole sensazione di dover abbandonare **un capo d'abbigliamento particolarmente apprezzato** perché è troppo usurato o perché non è più della taglia giusta. Immagina di dover regalare la tua t-shirt preferita perché ti è diventata troppo stretta. Scrivi una lettera che la raccomandi a chi la riceverà in dono.

Specifica che cosa significa per te quella maglietta e perché dovrà essere trattata con cura.

61

HAI PRESO LA TUA PRIMA NOTA DI MERITO! COMPLIMENTI! AVANZA DI 3 CASELLE.

2 punti

SKILLS

Ogni giorno assistiamo a situazioni che ci fanno saltare la mosca al naso. È giusto e dovuto che cerchiamo di migliorare il mondo in cui viviamo, diventandone parte attiva, ma non possiamo trascorrere un'esistenza da attaccabrighe. **Meglio imparare il prima possibile a capire quando è il caso di intervenire e quando, invece, è il caso di lasciar correre.**

MATERIA

Non esiste una quantità prefissata di voti da ottenere in ciascuna materia nell'arco del quadrimestre (o trimestre) o dell'anno scolastico. Serve però una quantità di prove utili per una valutazione adeguata. Quindi, in media, avrai un minimo di una prova per ciascun argomento oggetto delle lezioni.

SFIDA

Hans Christian Andersen ha scritto ***La Sirenetta*** oppure ***Cappuccetto Rosso***?

- [ ] LA SIRENETTA
- [ ] CAPPUCCETTO ROSSO

BASTA LACCI, VIVA IL VELCRO!

Al rientro da una passeggiata in montagna, un ingegnere svizzero, Georges de Mestral, si accorge che i suoi pantaloni, come i peli del suo cane, sono pieni di fiori di cardo alpino. Invece di spazzolarli via, prende il suo microscopio e si accorge che sono dotati di piccolissimi uncini che si agganciano a piccoli occhielli formati dal filo dei tessuti. Decide allora di riprodurre artificialmente questo fenomeno e inventa il Velcro dalle parole “velvet” (velluto) e “crochet” (occhiello).

62

HAI SCORDATO IL MATERIALE PER EDUCAZIONE FISICA. NON PUOI FARE LEZIONE E PASSI L'ORA SEDUTO A BORDO CAMPO. ARRETRA DI 3 CASELLE.

-2 punti

SKILLS

Guarda sempre oltre. Guardare avanti ti aiuterà a dare una dimensione alle situazioni problematiche e a individuare i percorsi per risolverle. Sarà utile anche per capire come sfruttare i momenti positivi.

MATERIA

Nel passaggio dalla primaria alla secondaria di primo grado cambierai classe. Conserverai alcuni dei compagni, ma ne troverai anche di nuovi. **La composizione delle prime classi delle medie avviene in accordo tra maestri e professori,** in modo che siano gruppi omogenei e funzionali.

SFIDA

Che cosa lega la parola "**salario**" al **sale**?

. . . .

. . . .

. . . .

. . . .

ATTENTO AI GESTI CHE FAI!

I gesti non hanno lo stesso significato nei vari Paesi del mondo. Se muovere la testa su e giù da noi indica dire di sì, in Grecia, Bulgaria e Turchia significa dire di no. Il gesto di OK, unendo il pollice e l'indice in modo da formare un cerchio, in alcune nazioni è considerato un gesto volgare, che va assolutamente evitato. Fare le corna dalle nostre parti non è certo simpatico, ma nei paesi buddisti è un gesto portafortuna. Attento a come muovi le mani!

63

PRENDI LA TUA PRIMA NOTA DI DEMERITO. ARRETRA DI 3 CASELLE.

-2 punti

SKILLS

Quando accedi alla Rete lasci sempre una traccia. Quando, magari aggirando i limiti di età imposti, scrivi qualcosa sui social è come se tu incidessi una roccia. Anche se cancelli ciò che hai scritto, da qualche parte ne resta memoria e sarà sempre possibile seguire le tue tracce.

MATERIA

La DAD, cioè la Didattica a Distanza, è una novità introdotta nell'anno scolastico 2019-2020 per l'arrivo travolgente della Pandemia di Covid-19. Si tratta di lezioni svolte su piattaforma elettronica che consentono di proseguire l'attività scolastica anche senza che gli studenti, per ragioni di sicurezza, raggiungano la sede del loro Istituto.

A che cosa serviva, originariamente, la **Coca-Cola**?

....

....

....

....

CHI UTILIZZÒ PER PRIMO L'ENERGIA DEL SOLE?

Nel 212 avanti Cristo, Archimede, uno dei più grandi matematici e scienziati dell'antichità, inventa un sistema di specchi a concentrazione di luce solare, chiamati poi "specchi ustori", e li utilizza per incendiare la flotta romana che sta assediando la sua città, Siracusa. Non solo: Archimede cerca anche di determinare il diametro del disco solare e, con un ingegnosissimo metodo, ci riesce con un'ottima approssimazione.

64

TIRA IL DADO!

1

La bidella ti accusa di aver fatto inceppare
la fotocopiatrice, ma non è vero
(2 punti consolazione)

2

Il tuo prof preferito chiede il trasferimento
(arretra di 3 caselle)

3

Ti offri per l'interrogazione di geometria
perché nessun altro ha studiato
(5 punti)

4

Il compito in classe era perfetto, peccato che non ti sia
accorto delle tre domande sul retro del foglio
(stai fermo un turno e fai più attenzione!)

5

Attraversi il corridoio quando è appena
stato lavato e lo riempi di impronte
(-3 punti)

6

Sai di dover chiedere qualcosa alla segreteria,
ma non ti ricordi più di cosa si tratta
(0 punti)

PROVA TU!

Si dice che l'ottimista sappia cogliere il lato migliore di qualsiasi situazione.
Voglio pensare che tu sia un **tipo ottimista**, ma mi piace l'idea di aiutarti a diventarlo ancora di più. Per questo ti prego di scrivere qui di seguito dieci ragioni per cui la scuola ti piace. Sguinzaglia la tua fantasia e scandaglia ogni aspetto della tua esperienza scolastica. **Scrivi con tutta serenità:** nessuno ti darà una valutazione per questo elenco, è solo tuo.

....

....

....

....

....

....

....

....

....

....

65

TI ELEGGONO PORTAVOCE DELLA CLASSE. È UNA RESPONSABILITÀ: SII SAGGIO! AVANZA DI 3 CASELLE.

5 punti

SKILLS

Le situazioni sgradevoli capitano, ma ne puoi uscire con eleganza. Fai sempre notare con **delicatezza** e **sincerità** ciò che non va. Non lamentarti, ma spiega. Non ostinarti, ma cerca una soluzione.

MATERIA

La DDI, Didattica Digitale Integrata è la formula, divenuta obbligatoria dopo l'anno scolastico 2019-2020, per cui la didattica tradizionale in presenza, all'interno dell'aula, viene arricchita con il contributo digitale. Si tratta di un'evoluzione utile per il potenziamento dei contenuti e la diversificazione delle modalità.

Quanti castelli fece costruire **Federico II** di **Svevia**?

....

....

....

....

IL PRIMO UOMO NELLO SPAZIO

Il primo a viaggiare nello spazio fu il russo Yuri Gagarin. Il 12 aprile 1961, a bordo del veicolo spaziale Vostok 1 compì un'orbita terrestre completa intorno alla Terra. Il volo durò 108 minuti. La capsula Vostok 1 sulla quale viaggiava era semplice e disadorna, con tre oblò e un seggiolino eiettabile che Gagarin utilizzò nel rientro, paracadutandosi da 4000 metri. Con lui aveva anche il primo pasto spaziale della storia: carne, purea di legumi e cioccolato.

66

I SOLITI BULLI NON VOLEVANO FARTI ENTRARE IN BAGNO, MA TU SEI PASSATO UGUALMENTE. AVANZA DI 1 CASELLA.

2 punti

SKILLS

Stai alla larga dai guai. Non intendo dire che potrai passare una vita senza guai, perché questo è impossibile. Potrai però risparmiarti tutte quelle situazioni spiacevoli che sono facili da prevedere.

MATERIA

La stessa cattedra può essere gestita da più docenti? Sì, è il caso per esempio della cattedra di lettere, che include tre materie: italiano (che include antologia, storia della letteratura e grammatica), geografia e storia. Ma è anche il caso della cattedra di matematica che include la materia di scienze. In questi casi, potresti avere un docente diverso per ciascuna materia.

SFIDA

Il monte **Olimpo** esiste veramente?

SÌ NO

I CROISSANT NON SONO FRANCESI

I croissant non sono stati inventati dai francesi, ma derivano da un dolce tipico dell'Austria, il kipferl, la cui esistenza è stata documentata sin dal XIII secolo. Fu l'ufficiale austriaco August Zang a importarli a Parigi, quando nel 1839 aprì la sua *Boulangerie Viennoise* al numero 92 di rue de Richelieu. Il termine *croissant* significa letteralmente "crescente" proprio per la sua forma che ricorda la luna crescente.

67

DURANTE L'ORA DI EDUCAZIONE ARTISTICA, HAI ROVESCIATO L'ACQUA DEI PENNELLI SUL TUO LAVORO A TEMPERA. ARRETRA DI 3 CASELLE.

-5 punti

SKILLS

Rimedia agli errori.
Sbagliare è normale: comportarsi in maniera scorretta, trascurare qualcosa, essere scortesi e via dicendo. Il bello però è che puoi sempre rimediare agli errori, correggendo la rotta e migliorandoti come persona.

MATERIA

Di chi sono le verifiche scritte? La tua verifica svolta e corretta è un documento ufficiale e viene depositata negli archivi della scuola, dove sarà conservata per alcuni anni. Per questo non puoi perdere le verifiche! Se le porti a casa per mostrarle ai genitori, ricordati poi di restituirle.

Quante **mogli** ebbe **Giuseppe Garibaldi**?

. . . .

. . . .

. . . .

LA TOUR EIFFEL: UN'OPERA PROVVISORIA

La Tour Eiffel fu costruita in occasione dell'Esposizione Universale del 1889 di Parigi e doveva essere una struttura temporanea, destinata a essere smantellata dopo vent'anni. La sua costruzione suscitò l'ira indignata di alcuni intellettuali che la definirono "superflua e mostruosa", un "disonore per Parigi". Ma non tutti la pensavano così e, poco a poco, i parigini si affezionarono alla loro "Signora di ferro", che è oggi uno dei monumenti più visitati al mondo.

68

TIRA IL DADO!

1

Hai rotto la tastiera del pc
della scuola
(-4 punti)

2

Conosci la password del docente
coordinatore e cambi i voti di tutti
(arretra di 1 casella)

3

Hai dato i compiti sbagliati al tuo compagno di classe
e lo hai fatto apposta
(-2 punti)

4

Ricevi un sacco di biglietti simpatici e dolci
(stai fermo un giro, per avere il tempo di compiacerti)

5

Mandi biglietti affettuosi a tutti, ma stai solo scherzando
(-2 punti)

6

Ogni volta che mandi un biglietto ti beccano
(1 punto consolazione)

PROVA TU!

Persino nei rapporti più stretti ci sono delle ombre. Le ombre sono necessarie per valorizzare le luci, fidati! Per questo il mio invito ora è a stilare un elenco di **dieci aspetti della scuola che non ti piacciono molto**, ti indispettiscono o proprio detesti. Non so se dovrai pensarci molto o se li hai già tutti presenti. In qualsiasi caso, il mio incoraggiamento è considerare i dieci punti che compilerai come altrettanti aspetti su cui agire per migliorarli o addirittura ribaltarli, **per farli diventare elementi di forza.**

1 ....

2 ....

3 ....

4 ....

5 ....

6 ....

7 ....

8 ....

9 ....

10 ....

69

UN COMPAGNO DI CLASSE TI ACCUSA DI AVER ROTTO LA MANIGLIA DELLA PORTA DELL'AULA. MA NON SEI STATO TU! AVANZA DI 1 CASELLA.

2 punti consolazione

SKILLS

Guarda il lato positivo delle situazioni negative. Sembra impossibile? Sbagliato! Anche la circostanza più fastidiosa può rivelarti qualcosa di positivo. **Osserva e cogli!**

MATERIA

La scuola ha una copertura assicurativa che copre i danni alle persone e alle cose. Una quota assicurativa può o deve essere sottoscritta dalle famiglie. Si tratta di somme contenute da versare annualmente.

Che cos'era **Hollywood** prima di diventare **la capitale del Cinema**?

PONG: IL PRIMO VIDEOGIOCO

Il primo videogioco era veramente semplice. Si trattava di una simulazione di ping-pong molto elementare, in bianco e nero. Una pallina, in verità un quadratino, si muove sullo schermo e i giocatori devono riuscire a colpirla con una racchetta, che è una semplice barretta. Era il 1972. Nel 1978 esce *Space Invaders*, primo videogioco di azione che presenta scenari complessi, ma è ancora in bianco e nero. Anni luce dai videogiochi attuali!

70

MENTRE ERI IN BAGNO, IN AULA È STATO SPIEGATO UN PASSAGGIO CRUCIALE DELLA FOTOSINTESI CLOROFILLIANA.

-2 punti

SKILLS

Quando ti senti a disagio, cerca di capire sempre che cosa ti manca: lo spazio? Il tempo? Una voce amica? Un aiuto materiale? Se formuli la domanda giusta, potrai andare alla ricerca della risposta.

MATERIA

Il patto di corresponsabilità educativa è un contratto tra gli studenti, la famiglia e la scuola. Si tratta di un documento cartaceo che include diritti e doveri di ciascuna delle parti. Deve essere firmato da qualcuno che rappresenti la scuola (il Dirigente o il Vicario), dai genitori e dallo studente.

SFIDA

Chi inventò la **lavatrice**?

IL PRIMO CELLULARE

Il 3 aprile 1973, per le strade di New York, l'ingegnere americano Martin Cooper fa la prima chiamata con un telefono cellulare. È stato lui ad inventarlo e il suo "telefonino" era grande quanto un citofono, pesava più di un chilo, aveva bisogno di dieci ore per ricaricarsi e... si scaricava in mezz'ora! I primi cellulari furono messi in vendita invece il 6 marzo 1983, pesavano un po' meno di un chilo e costavano l'equivalente di 4.000 euro. Quanto pesa oggi il tuo cellulare?

71

LA SCUOLA PROPONE UNA FANTASTICA GITA D'ISTRUZIONE. STAI FERMO UN GIRO PER SMALTIRE LA GIOIA.

3 punti

SKILLS

Presta sempre attenzione ai dettagli. I particolari più piccoli sfuggono alla maggioranza, ma tu non sei una persona qualsiasi e quindi osserva sempre tutto con attenzione. **Sono i dettagli a fare la differenza!**

MATERIA

Posso andare in bagno? Certo! è ovvio che tu possa andare in bagno. Non andarci ogni cinque minuti, non scegliere il momento più intenso della lezione e chiedi sempre con cortesia.

SFIDA

In che periodo salì al **Soglio Pontificio** il primo Papa che scelse come nome **Benedetto**?

NAPOLEONE III E L'INVENZIONE DELLA MARGARINA

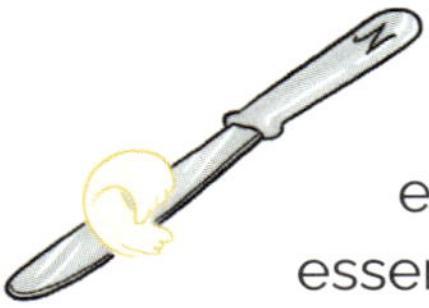

Nel 1869 Napoleone III indisse un concorso per trovare un'alternativa al burro, più economica e di facile conservazione, che potesse essere utilizzata a bordo delle navi e venduta a prezzi più accessibili. A vincere fu il farmacista francese Hippolyte Mège-Mouriès che creò un composto a base di lardo, acqua, piccole quantità di olio e latte. La sua margarina era tutt'altro che vegetale! Il nome deriva dal termine greco *Margaron* che significa "bianco perla", facendo riferimento al colore biancastro del prodotto.

72

TIRA IL DADO!

1
La scuola media te l'aspettavi meglio
(0 punti)

2
La scuola media te l'aspettavi peggio
(0 punti)

3
La scuola media è come te l'aspettavi
(0 punti)

4
La scuola media è come te l'aspettavi,
ma tu sei molto meglio di prima
(5 punti)

5
La scuola media è come te l'aspettavi,
ma tu sei molto peggio di prima
(- 3 punti)

6
La scuola media è come te l'aspettavi
e tu non ci capisci più niente
(stai fermo un turno)

PROVA TU!

Scrivi una lettera al tuo futuro perché sia cortese. Spiegagli i tuoi progetti e che cosa ti servirebbe per poterli realizzare. **Usa tutte le tue capacità di persuasione!**

Caro ....

73

AVETE GIOCATO A PALLAVOLO, MA NESSUNO TI VOLEVA IN SQUADRA. ARRETRA DI 1 CASELLA.

1 punto consolazione

SKILLS

Sei capace! Se non ti senti capace, almeno prova. Nessuno nasce capace di tutto e nessuno è esente dal provare una feroce tremarella prima di un tentativo. **Non lasciarti mai scoraggiare.**

MATERIA

Il docente è sempre responsabile di ciò che capita agli studenti quando sono nella sua ora o sotto la sua sorveglianza, anche quando sono mescolati ad altre classe, come per esempio durante la ricreazione o le uscite scolastiche,
La responsabilità del docente vale anche quando lo studente fuori dall'aula, come nel caso in cui si reca in bagno.

SFIDA

Perché si dice che il **quadrifoglio** porti **fortuna**?

....

....

....

....

PRONTI A SCAPPARE!

Forse non tutti sanno che le pecore hanno una visione periferica molto maggiore rispetto all'uomo. Hanno un campo visivo di 300 gradi, senza girarsi possono praticamente vedere cosa accade dietro di loro: molto utile se sei una preda e non un cacciatore! Questa caratteristica permette loro di vedere un pericolo in anticipo e scappare. Inoltre non vedono i colori, ma vedono al buio molto meglio di noi.

74

RISPONDI IN SPAGNOLO ALLA PROF DI INGLESE, MA LEI RICONOSCE CHE SEI POLIGLOTTA E TI METTE UN PIÙ SUL REGISTRO.

2 punti

SKILLS

Impara a fare senza. **Insomma, non è sempre necessario avere tutto!** Molte delle necessità che senti sono rivolte a beni non strettamente necessari. Allenati a sentire la mancanza di qualcosa: sembra strano, ma torna sempre utile.

MATERIA

La ricreazione è un momento che serve per rilassarsi, ma anche per rinfrancarsi, per esempio con uno spuntino. Insomma, non è la pausa selvaggia per svalvolare di tutte le energie trattenute, ma solo un intervallo rilassante.

Che cos'è **l'obsolescenza programmata**?

. . . .

. . . .

. . . .

. . . .

CHE MALE! MI HA PUNTO UN'APE O UNA VESPA?

Molto più probabile che a pungere sia una vespa che un'ape. Tutte e due sono dotate di un aculeo in grado di pungere e iniettare veleno. Quello delle vespe è liscio, entra ed esce dalla ferita senza lasciare traccia, mentre quello delle api è a forma di uncino, si attacca alla pelle e quando l'insetto prova a scappare è destinato a morire. Insomma l'ape, se vi punge, muore e per questo lo fa solo se è davvero in pericolo.

75

È SALTATA LA BELLISSIMA GITA D'ISTRUZIONE. ARRETRA DI 3 CASELLE.

2 punti consolazione

SKILLS

Non contare sulla fortuna, ma accoglila bene. Ogni volta che intendi fare qualcosa conta soprattutto su te stesso e sulla collaborazione di chi lavora con te su una consegna. Se però capita un colpo di buona sorte, sfruttalo bene.

MATERIA

L'Educazione Civica è una materia interdisciplinare che va assumendo un'importanza crescente. Riguarda la tua capacità di vivere rispettando l'ambiente, sfruttando bene le risorse e diventando protagonista della vita comune.

SFIDA

Anche per gli abitanti dell'emisfero australe la **Stella Polare** indica il **Nord**?

SÌ NO

LA SECONDA GUERRA MONDIALE E IL CHEWING-GUM

Pare che già i Maya avessero l'abitudine di masticare palline di gomma, ma la gomma da masticare come la conosciamo noi si deve all'inventore americano William Semple che nel 1869 brevettò una miscela di caucciù, zucchero e aromi. Negli Stati Uniti fu messa in vendita qualche anno dopo, ma in Europa arrivò solo con i soldati americani durante la Seconda Guerra Mondiale. Le gomme da masticare erano presenti nelle razioni K (ovvero il pasto militare giornaliero) dei soldati, e avevano quattro gusti: menta, cannella, menta piperita e pepsina.

76

TIRA IL DADO!

1

I tuoi genitori sono convinti che tu sia un genio incompreso

(1 punto consolazione)

2

I tuoi genitori non si capacitano che tu sia un genio

(1 punto)

3

Tu sei un genio ma nessuno si prende la briga di comprenderti

(lancia di nuovo il dado)

4

Il tuo prof di matematica dà i numeri

(2 punti consolazione)

5

Il tuo prof di lettere straparla

(lancia di nuovo il dado)

6

Piuttosto che farti interrogare domani, puliresti i vetri di tutta la scuola con lo spazzolino da denti

(0 punti)

PROVA TU!

Se sei uno studente della scuola secondaria di primo grado significa che hai vissuto e ricordi abbastanza bene la **pandemia** che ci ha tutti travolti. Nessun momento della vita è sprecato, nemmeno quelli in cui sei stato più a disagio. Per fare tesoro di tutto, è opportuno imparare a guardare in faccia la realtà e capire che cosa non ci piace, per non farci più spiacevolmente sorprendere. Ti prego dunque di elencare qui di seguito **i tre aspetti della pandemia che più ti hanno preoccupato.**

1) ....

2) ....

3) ....

77

IL PROF DI STORIA NON TI SOPPORTA PERCHÉ CONFONDI I NUMERI DELLE DATE. AVANZA DI TRE CASELLE.

-2 punti

Impara a prendere decisioni. Per prendere una buona decisione segui questi tre passi: valuta le possibilità, calcola le conseguenze, domandati se sei sicuro. E poi vai!

Il metodo di studio è fondamentale. Impara a fare riassunti, a costruire mappe, a fare schemi, a ripetere ad alta voce. E in bocca al lupo!

SFIDA

Quanto a lungo visse **Omero**?

"SPUTA QUELLA GOMMA!"... MA NON PER TERRA!

Secondo l'autorevole Accademia della Crusca, nella lingua italiana non esiste un nome ufficiale per definire la gomma americana. In ogni regione, in ogni zona, la chiamiamo in un modo diverso. Qualche esempio: cingomma, ciga, ciuingam, cinga, cicca, cicles, caramella a molla, ciringumma, ciuca, masticone. In ogni caso, non è educato masticarne una in faccia a qualcuno, ma non sputatela per terra, ci vogliono cinque anni perché si degradi nell'ambiente e sotto il banco resta... per sempre!

78

HAI ACCUSATO UN COMPAGNO DI QUALCOSA CHE NON HA FATTO. ARRETRA DI DUE CASELLE.

-4 punti

SKILLS

Assumiti responsabilità. Non nasconderti mai dietro a un dito: alza la mano quando serve e ammetti quel che hai combinato. Non sarai perfetto, ma sarai un grande!

MATERIA

Un cattivo voto non è una tragedia. **È una nuova sfida:** dovrai rimediare ed esserne poi fiero.

SFIDA

Che cos'era la **Draisina**?

....

....

....

L'ANTENATA DELLA CALCOLATRICE

A soli 19 anni, nel lontano 1642, il filosofo francese Blaise Pascal inventa la prima macchina in grado di sommare e sottrarre i numeri. In suo onore viene chiamata "pascalina". Può addizionare e sottrarre numeri composti da un massimo di dodici cifre: davvero poco rispetto a quello che possono fare le moderne calcolatrici, ma più che sufficienti per aiutare il papà di Blaise Pascal che, come intendente delle finanze, era costretto a fare difficili calcoli a mente.

79

SEI STATO FORMIDABILE! HAI FATTO TUTTO IN TEMPO E ARRIVERAI A SCUOLA IN PERFETTO ORARIO, MA TI ACCORGI CHE È IL PRIMO GIORNO DELLE VACANZE.

4 punti consolazione

SKILLS

Non prendere in giro nessuno, né per il suo aspetto fisico, né per il suo modo di parlare o di fare. Semmai, prenditela con chi pensa male e agisce peggio.

MATERIA

Un ottimo voto è un momento di felicità, ma non è una buona ragione per sentirsi al di sopra di qualcuno o di qualcosa. Insomma, è solo un buon risultato. Pensa al prossimo!

SFIDA

Che cos'è un **incunabolo**?

. . . .

. . . .

. . . .

LA COCA-COLA ERA UNA MEDICINA

Nel 1886, il farmacista americano John Pemberton mette in vendita uno sciroppo a base di estratti vegetali e noce di Cola per combattere il mal di testa e la stanchezza. Lo sciroppo non ha grande successo, ma Pemberton si rende conto che se diluito in acqua gassata può trasformarsi in una bibita piacevole e rinfrescante. La sua formula, ancor oggi mantenuta segreta, contiene estratti di foglie di coca, private però della cocaina.

80

TIRA IL DADO!

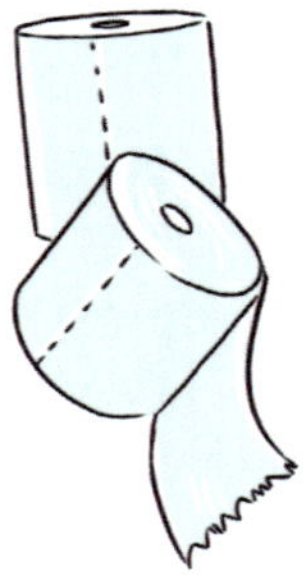

1
In bagno è finita la carta igienica
(2 punti consolazione)

2
Hai mal di pancia, ma nessuno della tua famiglia risponde al telefono
(4 punti consolazione)

3
Dovevi leggere un libro, ma cerchi il riassunto in Rete
(arretra di 1 casella)

4
Inventi l'intervista che avresti dovuto fare ai tuoi genitori
(Stai fermo 1 giro)

5
Il tuo vicino di banco parla in continuazione, ma tu riesci a seguire la lezione
(2 punti consolazione)

6
Chiacchieri, ma riesci a seguire la lezione
(avanza di 2 caselle)

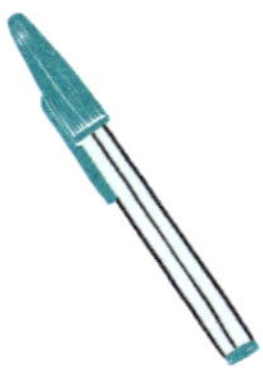

PROVA TU!

Se sei uno studente della scuola secondaria di primo grado significa che hai vissuto e ricordi abbastanza bene la **pandemia** che ci ha tutti travolti. Persino nei momenti più impegnativi e meno gradevoli possiamo capire cosa ci ha dato la forza per superare la prova. Ti invito dunque a elencare qui di seguito i **tre più importanti momenti di sollievo** che hai vissuto durante il lockdown. **Impara a creare situazioni di sollievo per ogni circostanza dell'esistenza.**

1) ....

2) ....

....

3) ....

....

81

TUA NONNA TI DÀ DEI SOLDI DI NASCOSTO PER OGNI BUON VOTO CHE PRENDI.

3 punti

SKILLS

Prepara sempre un Piano B. Ogni azione che hai in mente deve avere una seconda possibilità di realizzazione: **organizzala**.

MATERIA

Ogni volta che ti viene segnalato un **errore** che hai commesso, **hai diritto alla spiegazione di quale sarebbe stata la risposta giusta e del perché.**

SFIDA

Quanto a lungo vive una **farfalla**?

....

....

....

CHI HA INVENTATO BABBO NATALE?

La tradizione di Babbo Natale è molto antica e si perde nella notte dei tempi, ma il Babbo Natale come lo conosciamo noi, un uomo grassoccio con lunghi baffi e barba bianca, vestito di rosso con il suo classico cappello bianco e rosso è legato a una campagna pubblicitaria della Coca-Cola, nel 1931. Prima di quella data, Santa Claus era spesso raffigurato come un elfo un po' spettrale, o come un uomo alto e magro, vestito di marrone o di verde, o di blu nella tradizione russa.

82

I TUOI GENITORI SOSTENGONO CHE HAI TROPPI POCHI COMPITI DA FARE.

-1 punto

SKILLS

Verifica sempre le informazioni che ti vengono fornite. **Lascia sempre spazio al dubbio e controlla,** da fonti attendibili, ciò che ti viene proposto come verità.

MATERIA

Posso chiedere di recuperare? Sempre! è un tuo diritto. A questo diritto corrisponde il dovere di prepararti per la tua nuova opportunità.

Quanto lungo è **l'Eurotunnel**?

.... KM

ECOCITTADINI SI DIVENTA

Imparare a rispettare l'ambiente diventa ogni giorno più importante perchè di Terra ne abbiamo una sola e non possiamo certo coprirla di rifiuti come stiamo facendo. Ma forse non abbiamo idea di quanto tempo occorre agli oggetti per decomporsi e sparire. Qualche esempio: un fazzolettino di carta ci mette circa tre mesi, una gomma da masticare cinque anni come una carta di caramella, per una lattina in alluminio ci vogliono duecento anni, e cinquecento per una bottiglia di plastica!

83

I TUOI GENITORI SOSTENGONO CHE TU STUDI TROPPO.

3 punti

SKILLS

Ascolta attentamente chi la pensa in maniera diversa da te. Solo in questa maniera potrai fornire **una risposta adeguata.**

MATERIA

I colloqui individuali sono il momento in cui i tuoi genitori possono parlare di te fissando un appuntamento con un docente. Ogni professore, infatti, mette a disposizione ore di lavoro proprio per questi incontri.

SFIDA

Quanti anni impiegò **Tolkien** per scrivere ***Il Signore degli Anelli***?

I GESTI CHE CI TRADISCONO

Diciamo una cosa ma ne pensiamo un'altra. Quante volte succede! Ma attenzione: il nostro corpo, i nostri gesti potrebbero smentirci. Lo sapete che chi mente tende a coprirsi la bocca o a sfiorare il naso? Che chi non vuole sentirvi si tocca le orecchie? Accarezzarsi il mento rivela che la nostra mente sta valutando una situazione per prendere una decisione. Una mano contro la guancia significa che la persona sta ascoltando con interesse, ma se la mano regge la testa vuol dire che si sta annoiando...

84

TIRA IL DADO!

1

Hai preso 10, ma il giorno dopo non ricordi assolutamente nulla

(stai fermo un turno)

2

Hai preso 10, ma non sapresti dire perché

(0 punti)

3

Durante l'interrogazione ti hanno chiesto l'unico argomento che avevi studiato

(+2 punti)

4

Durante l'interrogazione ti hanno chiesto l'unico argomento che non avevi studiato

(-2 punti)

5

Ti beccano a fare una firma falsa

(-7 punti)

6

Fingi di stare male per non affrontare un'interrogazione, ma non ci casca nessuno

(1 punto consolazione)

PROVA TU!

Alla fine dell'anno scolastico con tutta probabilità cambierai aula. Il tuo banco diventerà quello di un altro studente al primo anno del nuovo corso di studio. **Lascia una lettera** a chi occuperà il tuo posto per dirgli che cosa può aspettarsi dalla nuova esperienza e **consigliargli qualche trucco per viverla al meglio.**

Caro nuovo studente,

....

....

....

....

....

....

....

85

ARRIVI PUNTUALE A SCUOLA, MA HAI DIMENTICATO A CASA LA CARTELLA.

-2 punti

SKILLS

Impara a conoscere i tuoi difetti e ad ammetterli. È il primo passo perché non si trasformino in punti deboli.

MATERIA

I colloqui generali sono il momento del quadrimestre (o del trimestre) in cui tutti i docenti si mettono contemporaneamente a disposizione per confrontarsi con i genitori sull'andamento dei singoli alunni.

Qual è il primo stato in cui le **donne** ebbero **diritto di voto**?

CHI È IL SOVRANO DEL CANADA?

Il Canada è una monarchia parlamentare e, essendo parte del Commonwealth, il suo sovrano è il re o la regina d'Inghilterra, in questo momento dunque la regina Elisabetta II. Anche se è ufficialmente il capo dello stato, in verità non ha alcun potere, la sua funzione è soltanto simbolica. Ma Elisabetta è anche regina di Australia, Nuova Zelanda, Bahamas, Barbados, Belize, Giamaica e tanti altri Paesi e decine di milioni di persone nel mondo sono suoi sudditi.

86

LA TUA PRIMA INTERROGAZIONE ORALE: HAI FATTO SCENA MUTA, MA SAPPIAMO CHE HAI STUDIATO. STAI FERMO 1 GIRO.

0 punti

SKILLS

Usa un linguaggio positivo: anche quando esprimi un pensiero di critica, **scegli parole, frasi e concetti che non siano aggressivi.** Sarai più credibile e otterrai più facilmente lo scopo che intendi raggiungere.

MATERIA

Come faccio per i compiti se ero assente? Chiedi a un tuo compagno di classe che ti indichi gli argomenti affrontati e i compiti assegnati. Dovresti comunque poter attingere alle stesse informazioni consultando il registro elettronico.

SFIDA

Perché **l'America** ha preso nome da **Amerigo Vespucci** e non da **Cristoforo Colombo**?

....

....

....

DUE MESI SENZA VEDERE IL SOLE

La cittadina di Utqiaġvik, un tempo conosciuta come Barrow, è l'insediamento più a nord di tutti gli Stati Uniti, si trova in Alaska e conta circa quattromila abitanti… che ogni anno non possono vedere il sole per più di due mesi. il sole tramonta per l'ultima volta il 18 novembre, o il 19, e torna a sorgere solo il 22 o il 23 gennaio, restando sotto l'orizzonte per circa 65 giorni. I cittadini si ritrovano a vivere la cosiddetta notte polare, ma non è sempre buio totale, per un certo periodo riescono a godere di una fioca illuminazione, il crepuscolo civile.

87

LA TUA PRIMA INTERROGAZIONE ORALE E HAI RISPOSTO A TUTTO! AVANZA DI 1 CASELLA.

2 punti

SKILLS

Mettiti comodo sul divano e **sognati tra dieci anni.** Poi domandati: che cosa posso fare per rendere questo sogno una concreta realtà?

MATERIA

A scuola non puoi scattare fotografie. Perché vengano scattate fotografie a te dai docenti, per immortalare alcuni momenti o per documentare un progetto o un percorso, è necessario che i tuoi genitori compilino e firmino una **liberatoria.**

SFIDA

Come è possibile che i **chicchi di mais** si trasformino in **pop-corn**?

....

....

....

QUANDO IL NATALE ERA ILLEGALE NEGLI STATI UNITI...

C'è stato un periodo in cui festeggiare il Natale negli Stati Uniti era un reato. La ricorrenza fu messa al bando nel 1660 perché considerata una festa pagana. L'Alabama fu il primo stato a legalizzarlo nel 1836 e il Congresso degli Stati Uniti lo riabilitò definitivamente nel 1870, dopo più di duecento anni! Oggi è una grande festa per tutti, che ha spesso perso la sua connotazione religiosa per diventare una grande festa piena di luci e di colori.

88

TIRA IL DADO!

1

Ti sembra di aver capito tutto della scuola! Ed è pure vero

(4 punti)

2

Ti sembra di aver capito tutto della scuola!
Purtroppo, non è esattamente così

(0 punti)

3

Non te ne importa proprio nulla di capire
come funziona la vita a scuola

(-2 punti)

4

A scuola le lezioni vanno spesso storte,
per colpa tua

(-5 punti)

5

Sei il risolutore dei problemi scolastici

(avanza di 2 caselle)

6

Davvero hai rubato la merenda al prof?!

(arretra di 2 caselle)

PROVA TU!

Qual era il tuo **gioco preferito** da piccolo? **Descrivilo qui di sotto,** spiegandone lo svolgimento e la ragione per cui ti divertiva tanto.

....

....

....

....

....

....

....

89

NELLA PROVA SCRITTA DI ITALIANO HAI SCRITTO UN TESTO COMPLETAMENTE FUORI TEMA.
ARRETRA DI 2 CASELLE.

-2 punti

SKILLS

Impara l'autocritica.
Saper criticare te stesso è un'abilità necessaria perché tu possa ragionevolmente criticare qualsiasi altra persona o fatto.

MATERIA

In classe non puoi adoperare il cellulare a meno che non sia il docente stesso a darti il permesso per eventuali (ma remote!) ragioni.

SFIDA

Qual è la **pianta** più **longeva**?

ISOLE DI... PLASTICA

È stato calcolato che ben 8 tonnellate di rifiuti invadono ogni anno le acque dei mari di tutto il mondo. Le correnti spingono la spazzatura poi in zone specifiche, dove si creano vere e proprio isole di plastica, sporca. La più grande si trova nell'Oceano Pacifico, è grande come la Penisola Iberica e continua a crescere! Ma anche nel nostro Mediterraneo si stanno formando isole di plastica, di cui una lunga decine di chilometri tra l'Isola d'Elba e la Corsica. La tua scuola è "plastic free"?

90

I TUOI GENITORI HANNO PARTECIPATO AI COLLOQUI GENERALI E TU NON HAI VOGLIA DI RIENTRARE A CASA.

0 punti

SKILLS

Impara a dimenticare i torti che ti sono stati fatti. **Devi chiedere giustizia, non vendetta.** Una volta chiarite le situazioni, lasciatele alle spalle. Non vivere di rancore.

MATERIA

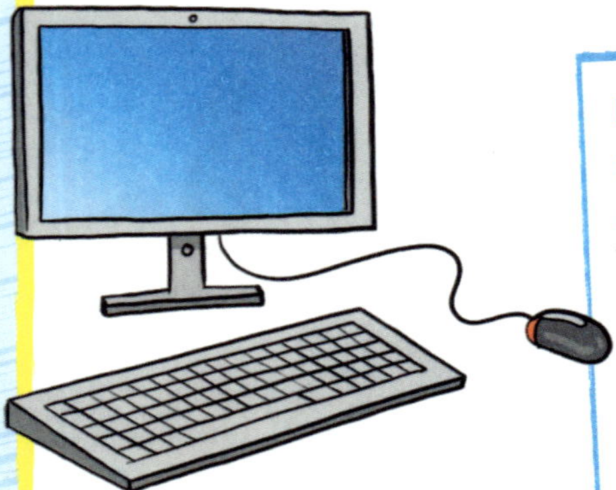

In classe l'uso del computer può essere un diritto per gli studenti che possono solo con questo strumento seguire il programma o per circostanziate attività. Insomma, non puoi portare in classe un pc per tua spontanea iniziativa.

SFIDA

Davvero la **Grande Muraglia** si vede dalla **Luna**?

SÌ NO

MA CHE FREDDO FA?

Il luogo abitato più freddo del mondo è la regione della Jacuzia, in Russia, nella Siberia Orientale. Nel villaggio di Ojmjakon, nel mese di gennaio la temperatura media è pari a 46,5°gradi sottozero, ma in un inverno eccezionalmente freddo sono stati toccati i 69,9° gradi sottozero! A queste temperature, qualsiasi cosa si ghiaccia all'istante, diventa impossibile usare l'auto o il cellulare. Nelle giornate più fredde, non resta che starsene in casa!

91

TI BECCANO A COPIARE I COMPITI PRIMA DELLE LEZIONI. ARRETRA DI 8 CASELLE.

-5 punti

SKILLS

Provvedi a te stesso. Puoi sempre chiedere aiuto, è ovvio, ma impara a essere **il primo custode di te stesso.**

MATERIA

I posti all'interno dell'aula variano con una periodicità liberamente scelta dai docenti. Nel caso tu avessi specifiche necessità falle presente al docente coordinatore.

SFIDA

Esiste uno **strumento musicale** che si chiama **fortepiano**?

SÌ NO

IL MARE PIÙ SALATO

Senza nessun dubbio, il mare più salato è il Mar Morto. La concentrazione di sale è molto più alta rispetto agli altri mari e aumenta con la profondità. A 40 metri il sale è così concentrato da precipitare sul fondale! Raggiunge infatti i 300 grammi per ogni chilogrammo d'acqua, rispetto alla media degli oceani che è di 35 grammi per chilogramma d'acqua. L'elevata salinità però aiuta a stare a galla senza alcuna fatica!

92

TIRA IL DADO!

1

I tuoi genitori sono più ansiosi di te

(2 punti consolazione)

2

I tuoi genitori non si occupano
del tuo rendimento scolastico e ti arrangi
in totale solitudine

(avanza di 1 casella)

3

Con i tuoi compagni di classe ti senti al sicuro
come un lupetto nel branco

(2 punti)

4

Nella tua classe si vive inquieti
come agnelli circondati da lupi

(0 punti)

5

Sei il compagno di classe del quale tutti hanno paura

(-3 punti)

6

Sei il compagno di classe al quale tutti si rivolgono
per chiedere un consiglio

(3 punti)

PROVA TU!

Immagina di trovarti su un'**isola deserta**. Sei da solo e non ci sono navi all'orizzonte. Per il momento hai acqua e cibo e addirittura un riparo confortevole, qualche buon libro e un quaderno. Immagina di scrivere un biglietto da infilare in una bottiglia da affidare alle onde e alle correnti.

Che cosa ci scriveresti?

....

....

....

....

....

....

....

93

FAI LA PACE CON IL TUO PEGGIOR NEMICO. AVANZA DI 3 CASELLE.

3 punti

SKILLS

Saper **chiedere scusa** con serenità e con parole equilibrate è un'arte. Falla tua!

MATERIA

Lo scuolabus è il mezzo solitamente organizzato e gestito dell'Amministrazione Comunale per portare a scuola gli studenti del territorio. Se vuoi farne uso, ricordati di avanzarne richiesta con il dovuto anticipo.

SFIDA

Qual è lo **stato** con la più elevata **densità abitativa**?

IL FIORE PIÙ GRANDE… E PIÙ PUZZOLENTE

Il fiore della *Rafflesia tuan-mudae* è di rara bellezza e… grandezza. Ha enormi petali carnosi rosa salmone ricoperti di macchie simili a bollicine, può raggiungere il diametro di oltre un metro e il peso ci quindici chili. Resta fiorito per pochi giorni, ma a nessuno viene in mente di raccoglierlo e portarlo a casa: il suo odore infatti è pestilenziale. Puzza di carne in putrefazione e per questo alcuni lo chiamano "fiore cadavere". Il terribile odore serve ad attirare le mosche, principali impollinatori di questo fiore.

94

VAI IN GELATERIA E TI TROVI A FARE LA FILA CON IL PROF DI STORIA, QUELLO CHE NON TI SOPPORTA.

4 punti consolazione

SKILLS

Avere paura è normale. La paura non deve schiacciarti: sei tu che devi imparare a gestirla. Per questo focalizzala, capisci quali parti della tua sensibilità sollecita e trova le risorse per sopportarla e contenerla. Se lo ritieni opportuno, chiedi aiuto.

MATERIA

Se non si studia abbastanza durante l'anno scolastico si può essere bocciati. Questo comporta dover ripetere l'anno, ma non sempre è una brutta cosa! A volte può servire per responsabilizzarsi e capire meglio per quali materie si è più portati.

Qual è l'ultimo verso della ***Divina Commedia*** di Dante Alighieri?

....

....

IL PIÙ PICCOLO E IL PIÙ GRANDE

Tra i vertebrati esiste una grandissima variabilità. Il più piccolo vertebrato è il pipistrello calabrone che è lungo solo tre centimetri e pesa circa due grammi, mentre il più grande animale terrestre è l'elefante. Una sua zampa è larga circa 40 centimetri, può raggiungere i quattro metri di altezza e il peso di quattro automobili, 6000 chili. In un solo giorno un elefante mangia oltre 150 chili di foglie e cortecce e.... fa la cacca in media 16 volte.

95

HAI PERSO LA PASSWORD DEL REGISTRO ELETTRONICO. ARRETRA DI 3 CASELLE.

-2 punti

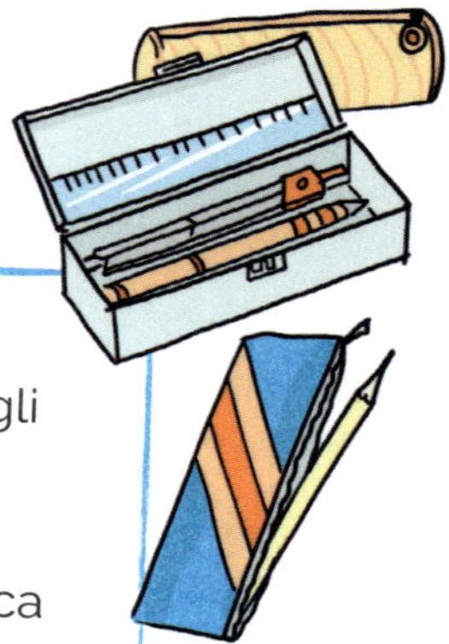

SKILLS

Capita a chiunque una distrazione: si dimenticano gli oggetti, si scordano gli impegni. **Non è bello essere sempre distratti:** usa bene il diario e cerca di mettere ogni oggetto in un contenitore apposito (per esempio, usa un astuccio per le lezioni e crea astucci speciali per educazione tecnica e artistica) che puoi riporre in cartella.

MATERIA

Posso cambiare scuola? Puoi cambiare istituto, iscrivendoti a gennaio dell'anno scolastico precedente. Ma, attenzione, se vuoi frequentare un istituto fuori dal territorio comunale, potresti vedere la tua richiesta rifiutata per mancanza di posti disponibili o per regole specifiche programmate dal Consiglio di quell'Istituto.

SFIDA

Come si dice "**Arrivederci**" in **greco moderno?**

L'ANIMALE PIÙ GRANDE ERA UN DINOSAURO?

Il Brachiosauro con il suo lungo collo poteva raggiungere i 14 metri di altezza, un primato assoluto. L'*Indricotherium* con un'apertura alare di circa 10 metri, è l'animale volante più grande mai esistito. Il tirannosauro, con i suoi 14 metri di lunghezza e i 6 di altezza, è stato il più grande predatore terrestre. Ma l'animale più grande mai esistito è tutt'ora vivente: la balenottera può raggiungere i 30 metri di lunghezza, poco più di un campo da basket.

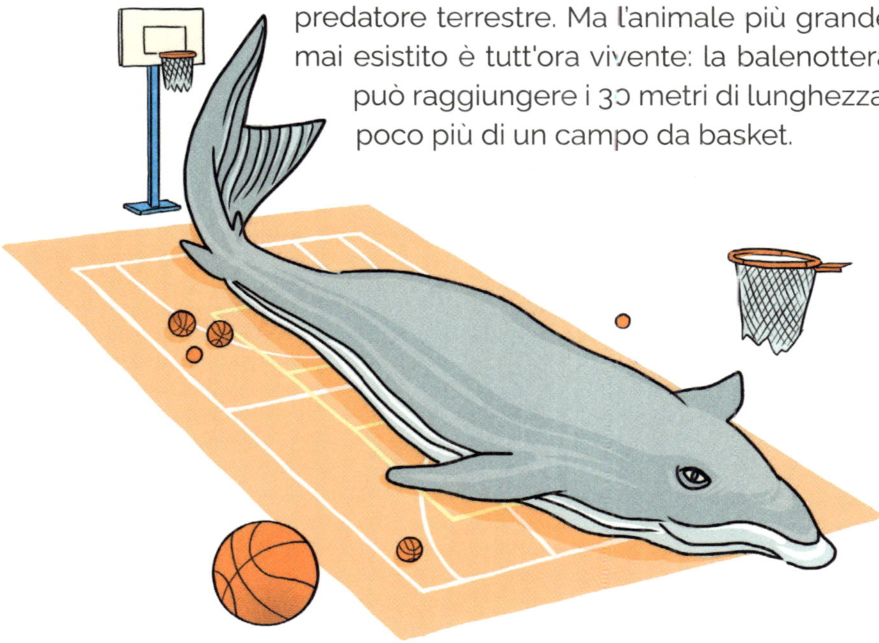

96

TIRA IL DADO!

1

L'anno scolastico è finito e ti sembra che sia stato interminabile e sia passato lento e pesante come piombo fuso

(1 punto consolazione)

2

L'anno scolastico è quasi finito e per te è volato leggero come una brezza di primavera

(avanza di 1 casella)

3

Manca poco agli scrutini finali e hai paura che ti boccino

(stai fermo un giro, così hai tempo per meditare)

4

La valutazione finale è dietro l'angolo e tu non vedi l'ora di leggere i voti!

(3 punti)

5

Il secondo quadrimestre è quasi finito e hai ancora delle insufficienze da rimediare

(0 punti)

6

Sei convinto che ripeterai l'anno

(-1 punto)

PROVA TU!

Sai qual è il più comune desiderio tra tutti i singoli esseri che vivono sulla terra? **Essere felici!**
Scrivi una **lettera alla Felicità** per conquistarla e convincerla a venirti a tenere compagnia per il maggior tempo possibile.

Cara Felicità,

97

È SUCCESSO DAVVERO: IL CANE TI HA MANGIATO I COMPITI. ENTRI NEL MITO.

9 punti

SKILLS

Per non perdere tempo, organizza le priorità. Scrivi su un foglio i tuoi impegni e stabilisci un ordine dal più al meno urgente. Non tralascerai nulla e ti toglierai di torno lo stress.

MATERIA

Ciascun studente della secondaria ha diritto ad essere accolto nell'Istituto Statale del proprio comune di residenza o del proprio segmento di area urbana.

SFIDA

Il **Conte Dracula** è esistito veramente?

SÌ   NO

MA QUANTO PESA QUESTO SEME?

Il record del seme più grande del mondo spetta al cocco di mare, una palma che cresce soltanto nell'arcipelago delle Seychelles. Ha un diametro di oltre trenta centimetri e pesa circa venti chili. Il tempo necessario per la sua maturazione è di sei-sette anni. Oggi, la quasi totalità delle piante che producono questo incredibile seme si trova sull'isola di Praslin, in una foresta diventata patrimonio mondiale dell'Unesco dal 1983.

98

NON RIESCI A RIPASSARE SCIENZE PERCHÉ HAI EVIDENZIATO TUTTO IL LIBRO E NON SAI PIÙ COSA È IMPORTANTE.

-2 punti

SKILLS

Il trucco **per concentrarsi è sforzarsi di restare con la mente nel momento che stai vivendo,** sull'azione che stai compiendo. Con un po' di esercizio, le distrazioni si riducono.

MATERIA

Ciascun Istituto ha un'area destinata all'infermeria. Salvo specifica prescrizione depositata presso la Segreteria, a scuola non si somministrano farmaci, ma si prestano interventi di primo soccorso, come disinfettare, applicare ghiaccio e cose simili.

Quale medico scoprì il valore igienico del **lavarsi le mani**?

....

....

UNA TRASFUSIONE PUÒ SALVARE LA VITA

La pratica delle trasfusioni di sangue esisteva già nel Medioevo, ma con pessimi risultati al punto che si pensò di abbandonarla. Solo quando nel 1900 il biologo austriaco Landsteiner scoprì i gruppi sanguigni, le trasfusioni divennero "sicure". Durante la Prima Guerra Mondiale furono utilizzate per la prima volta su larga scala e permisero di salvare innumerevoli vite umane. Landsteiner vinse il premio Nobel per la medicina solo nel 1930.

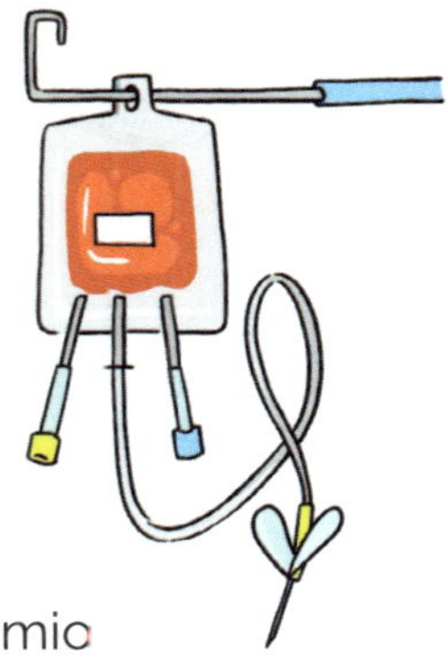

99

LA SCUOLA STA FINENDO E, IN FONDO, UN PO' TI DISPIACE. ARRETRA DI 3 CASELLE.

4 punti consolazione

SKILLS

Comunque vada, sorridi. Perché? Perché se non sorridi può solo essere peggio.

MATERIA

Nel caso in cui tu ti sentissi male, la scuola provvederà a contattare i tuoi familiari o, nei casi più urgenti, a chiamare i numeri d'emergenza per un tempestivo intervento.

SFIDA

Quanti sono i **comuni italiani**?

TU HAI CENTOMILA CHILOMETRI DI VASI SANGUIGNI!

Se prendessimo tutte le arterie, le vene e i capillari sanguigni del nostro corpo e li mettessimo in fila uno dopo l'altro, otterremmo l'incredibile lunghezza di centomila chilometri, una distanza che equivale a circa due giri e mezzo intorno alla Terra. I nostri vasi sanguigni presentano una grandissima variabilità di struttura dovuta alle loro diversi funzioni e posizioni, il vaso più largo è l'aorta che ha un diametro di circa due centimetri.

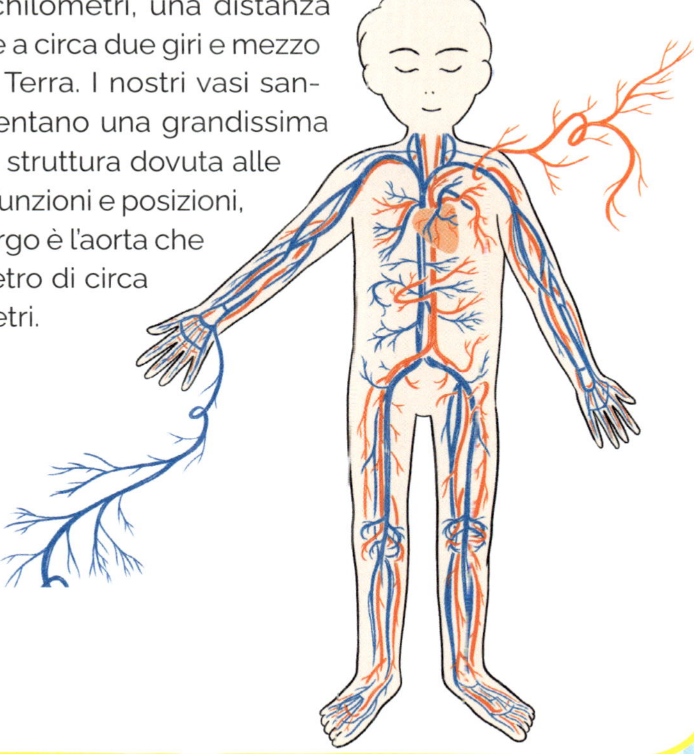

100 ARRIVO!

L'ANNO SCOLASTICO SI È CONCLUSO. PUOI ORGANIZZARE UNA FESTA GRANDIOSA!

SITUAZIONI IMBARAZZANTI
A SCUOLA - E COME USCIRNE!
Fatti realmente accaduti
e felicemente risolti.

1

Maschi vs Femmine

Un giorno una ragazza chiese di andare in bagno. Aveva in mano un piccolo astuccio, pudicamente nascosto dietro un fianco.

Si avvicinò alla cattedra, borbottò con la docente e si avviò alla porta.

Un compagno, seduto in prima fila, chiese: «Dove va?!»

La prof rispose pacata: «In bagno».

Il ragazzino si alzò in piedi, puntò il dito e urlò: «Sta portando il cellulare».

Fu allora che la ragazza si voltò, seria e un po' offesa, e alzò la mano. «È un assorbente!»Lo studente non si risedette: crollò sulla sedia, sopraffatto dall'imbarazzo.

Ecco, nel meccanismo del corpo umano, non c'è niente di imbarazzante, ma un po' di discrezione e un tocco di intuito aiutano a mantenere una gradevole riservatezza.

E, comunque, è chiaro che a scuola il cellulare non si usa!

2

Le gaffe dei docenti

Un giorno, durante una lezione di storia, un docente scrisse alla lavagna la data che rappresenta la caduta dell'Impero Romano d'Occidente. Prima, ne aveva a lungo parlato e prima ancora, in classe, era stato letto il paragrafo del libro di storia in cui si parlava della data. Accadde però che il docente, anziché scrivere 476 d.C., scrisse 47 d.C. Insomma, per sbadataggine, aveva scordato un numero.

La classe se ne stette zitta, scambiandosi occhiate perplesse. Nessuno parlò, sebbene fossero la bellezza di ventitré studenti!

Fecero bene? No!

Anche ai docenti può capitare una svista, perché scrivono in fretta, perché qualcosa li distrae. Stare zitti non aiuta nessuno. Sarebbe bastato alzare la mano e chiedere: «Scusi, prof, che data è quella?» oppure «Scusi, prof, che numero è quello che ha scritto?» o un'altra simile formula cortese che consetirebbe di porre rimedio all'errore.

3

De gustibus non disputandum est

La formula latina "de gustibus non disputandum est" significa che dei gusti non si discute: ciascuno ha i propri e, per fortuna, non a tutti piacciono le stesse cose e nemmeno le stesse materie.

Può dunque accadere che una materia ti piaccia meno di un'altra e lo puoi sostenere, ma non puoi disprezzarne nessuna.

Può accadere che qualcuno ami un tipo di abbigliamento che a molti altri non piace, ma non per questo può essere oggetto di considerazioni o commenti dispettosi.

Può accadere che a qualcuno piacciano delle merendine che ad altri fanno ribrezzo, ma non è consentito farne una questione di spiacevoli commenti ad alta voce.

Insomma, in molti casi non condividerai i gusti degli altri, ma finché non te li impongono e tu puoi scegliere non è il caso di farne una questione.

4

I bagni: istruzioni per l'uso

A scuola, di solito, i bagni sono un luogo molto apprezzato. Infatti, di norma, non vengono considerati solo un luogo per i propri bisogni ma veri e propri ritrovi lontano dagli occhi dei docenti.

Ecco, vorrei tranquillizzarti: i docenti garantiscono la tua riservatezza anche fuori dai bagni. È giusto e dovuto che tu e i tuoi compagni possiate chiacchierare mentre vi lavate le mani e magari è anche normale soffermarsi per aspettare qualcuno. Però, considera sempre che le grandi discussioni e le gran chiacchiere possono essere intavolate anche nei corridoi, durante le pause. Le tue confidenze resteranno solo tue, se avrai il buon gusto di usare un tono di voce adeguatamente basso. Anzi, in corridoio (o in giardino) è meno probabile che ci sia qualcuno che ti ascolta da dietro una porta.

5

La ricreazione: consigli per il menu

Se fosse possibile visualizzare simultaneamente tutti gli spuntini che gli studenti portano a scuola per la ricreazione, si avrebbe una stupefacente carrellata di immagini che spazierebbe dalla frutta alla pizza farcita, passando per panini a strati multipli e cartocci di fritto.

Non esiste il menu perfetto per la ricreazione, ma aiuta molto scegliere qualcosa di nutriente e facile da digerire, che dia senso di sazietà ma non appesantisca... Stai pensando alla frutta? Sì, anch'io. Ma puoi affiancare un pacchetto di cracker.

Ah, dimenticavo: sempre chiudere con attenzione le confezioni, perché fin troppe cartelle si sono mangiate la ricreazione prima che suonasse la campanella!

6

La noia

Non tutte le lezioni vanno nella stessa maniera e non tutte si svolgono nella maniera ideale. Alcune possono essere noiose oppure meno interessanti.

Se ti metti a sbadigliare, a fare rumore oppure a distrarti in maniera vistosa, il tuo atteggiamento diventa contagioso e finisce che tutta la classe si annoia e allora la noia rinforza la noia e l'ora non finisce più.

Tu impara a guardare sempre il docente, ad annuire ogni tanto e sorridere spesso con naturalezza. Può accadere che se ti concentri trovi anche un lato interessante dell'attività.

Poi, certo, c'è sempre la possibilità che tu alzi la mano e ponga qualche domanda sensata e mirata per far prendere alla lezione il ritmo giusto. Le lezioni gestite insieme tra docenti e studenti sono sempre le migliori.

7

Scuola vs Casa

Una volta una studentessa sbottò: «Non ne posso più! A casa mi dicono che sono piccola a scuola mi raccontano che sono grande. Sono una ragazza, non un elastico!»

Ci sono stati pure studenti che hanno detto: «A casa le luci le lascio accese quanto voglio, a scuola tutti mi stanno addosso perché spenga la luce se non serve più».

Altri studenti hanno detto: «La mia mamma dice che ho troppi compiti...»

Non è raro che la scuola e la casa abbiano aspettative diverse o richiedano comportamenti diversi. Direi anzi che è normale: sono due ambienti differenti, con funzioni ben distinte.

Sai come te la puoi cavare in questi casi? Impara il meglio dall'una e dall'altra!

8

Come se fossi a casa tua

Gli spazi comuni della scuola, come l'atrio, i corridoi, i bagni, l'infermeria e via discorrendo, sono spazi di tutti. è facile per questo pensare che non siano gli spazi di nessuno e dunque che una cartaccia per terra sia considerata l'affare di qualcun altro o la mancanza di sapone nel dispenser sia una questione che non ti riguarda.

Il segreto per vivere bene un ambiente comune è considerarlo come se fosse una parte di casa nostra e agire perché sia come lo vorresti.

Se vedi una cartaccia, raccoglila o – se è sporca o imbrattata – chiedi ai collaboratori se per cortesia possono provvedere.

Se manca il sapone, segnala che è esaurito e serve.

Se tutti agissero in questa maniera, avremmo scuole messe molto meglio.

9

Dress code scolastico

Il "dress code" è, in sostanza, l'abbigliamento raccomandato.

L'abbigliamento è una delle molte maniere in cui si esprime la personalità e quindi gli studenti sono liberi di scegliere fogge e colori che amano, anche se non sono di moda.

La scuola però non è il luogo né per le sfilate di moda né per le esibizioni troppo audaci.

Quindi, accertati sempre che i tuoi abiti siano puliti, siano dignitosi e non scoprano troppo il tuo corpo: per esempio, per quanto caldo possa fare a settembre o a giugno, non accorciare i calzoni e non ridurre le dimensioni delle magliette. Ci sono vari altri luoghi in cui potrai (se vorrai) esagerare.

10

Anche i muri hanno orecchie

Se vuoi mantenere un segreto, l'unica maniera certa è tapparti la bocca. Vale anche a scuola! Anzi, soprattutto a scuola. Si tratta infatti di un ambiente molto frequentato, dove si tende a stare sempre in gruppo e quindi le voci volano anche quando non dovrebbero e non vorrebbero.

Un'altra strategia utile al mantenimento di un segreto è non scriverlo da nessuna parte, nemmeno nel diario. Anzi, tanto meno nel diario! è sul banco, a portata di mano di tutti e anche dei docenti, che potrebbero usarlo per farti scrivere comunicazioni per la famiglia che porterebbero subito dopo il diario direttamente nelle mani dei tuoi genitori.

Come dici? Che i segreti sono belli da raccontare? Ah, ma forse non stai parlando di segreti segreti ma di notizie urgenti.

Insomma, io ti ho avvisato, poi regolati tu.

DADO

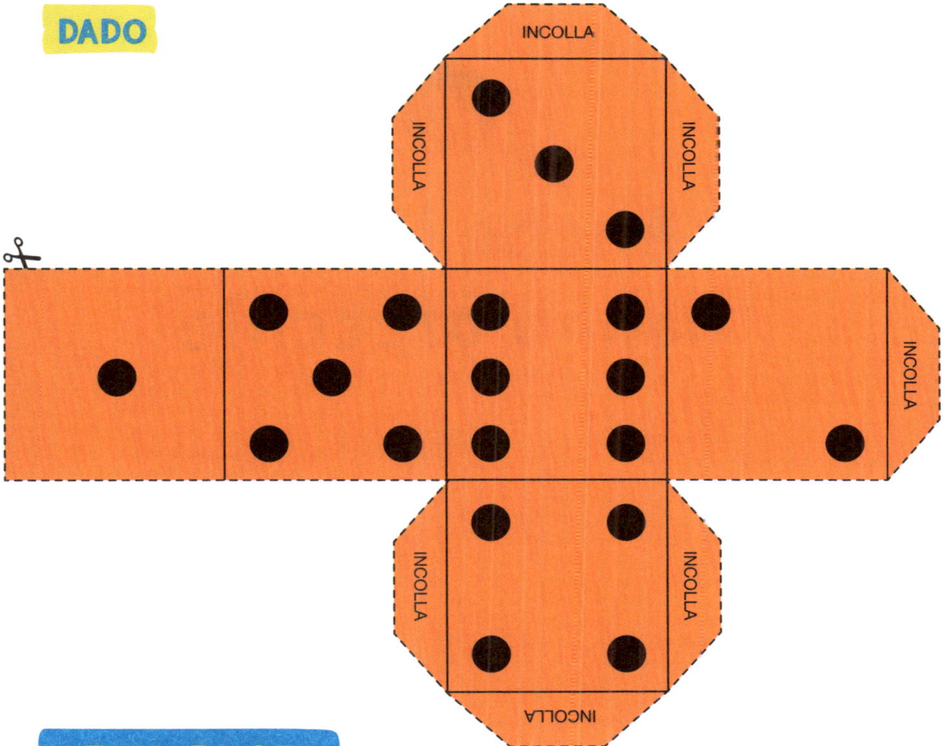

SEGNAPOSTO

DIARIO
STORIA
Italiano
IA
ZZZ

Ralph Valenteano

Die mystische Rose des Lichts

Schirner Verlag

ISBN 978-3-8434-1087-8

Ralph Valenteano
Die mystische Rose des Lichts

Umschlag: Murat Karaçay, Schirner
Satz: Simone Leikauf, Schirner
Redaktion: Rudolf Garski, Schirner
Bilder: siehe Anhang
Printed by: ren medien,
Filderstadt, Germany

www.schirner.com
1. Auflage Oktober 2012

Über den Autor

Ralph Valenteano ist Mystiker, Poet und Weltmusiker. Er schreibt für das neue Zeitalter: Eine ganzheitliche Sicht auf die Welt und eine von christlicher, sufischer und buddhistischer Weisheit geprägte Mystik vereinen sich in seinen Werken zu einer prächtigen Bilderwelt.

Danksagung & Widmung

Lieben Dank allen lieben Seelen, die dabei geholfen haben, dass dieses Buch entstehen konnte: Anja Hanisch, Andrea Kowitz-Vierheller, Joern McArt, Michal Karcz, Yps Ylonka, Rudolf Garski, Simone Leikauf, Murat Karaçay, Markus & Heidi Schirner.
Ich widme dieses Buch meinen geistigen Lehrern Pir Vilayat Khan, Hazrat Inayat Khan, Idries Shah und Ibn Arabi, allen Seelen in der geistigen Welt ... und Jesus Christus.

Die heiligsten Strahlen
bestehen aus nur einem Licht.
Die heiligste Sprache besteht
aus nur einem Wort:

»*Liebe*«

Die Knospe
träumt.
Die Blume singt.

Ich bin nicht die Quelle,
ich bin ein Teil von ihr –
wie auch der Tropfen nicht
sagt, er sei das Meer.
Ich bin nicht die Seele,
ich bin ein Teil von ihr –
wie auch das Licht nicht sagt,
es sei die Sonne.

Ich bin nicht die *Welt*,
ich bin ein Teil von ihr –
wie auch der Klang niemals
sagt, er sei die Musik.
Ich bin nicht Gott, ich bin ein
Teil von ihm – wie auch Gott
niemals sagt, etwas könnte
sein … ohne mich.

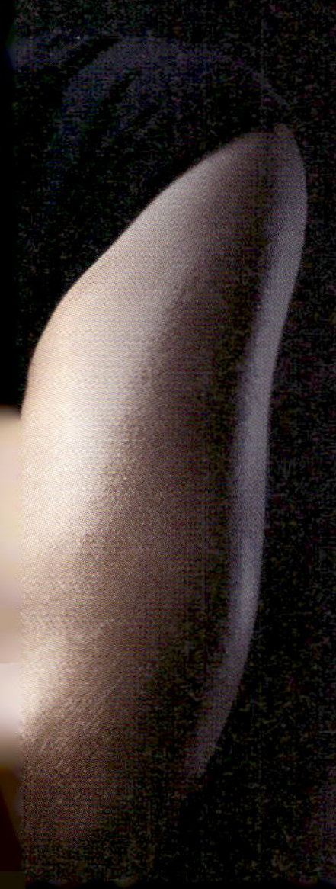

Wenn du tanzt,
verbinden sich die Elemente
zu einem sinnlichen Reigen.
Sie gehorchen nur dem
Rhythmus deiner Füße, und
das Beben deines Körpers
lässt die Planeten entstehen.
Du setzt die Räder des
Universums in Bewegung,
und mit jeder Drehung deines
Körpers vergisst sich die Zeit.
Wenn du tanzt, verneigt sich
Gott vor deiner Herrlichkeit
und küsst deine Stirn.
Die Schöpfung ist deine
Liebe, und du bist ihre
Geliebte – in diesem
Augenblick des Seins ist
alles eins.

So blicke ich auf die Schatten,
die die Zweige meiner
Sehnsucht an die Mauern
meiner Hoffnungen werfen.
All das ergibt Sinn: zu sehen,
wo das Licht seine Spuren
hinterlässt, damit man
Wünsche und ihr Sehnen
nicht vergisst.
Bin ich auch im Sein ein
Nichts, so bin ich doch
im Nichts
das Sein.

Berauscht
bin ich von deinem Tanz,
als wäre Wein in jedem
deiner Schritte.
So tanzt du links und
wirbelst rechts,
und bist doch stets in
deiner Mitte,
und ich bin goldner Staub
zu deinen Füßen.

Ich küsste deine
Angst, und sie verwandelte
sich in einen Schmetterling.
Sie berührte deine Stirn,
als du ihr verwundert
hinterherblicktest,
und flog hinaus durch das
Fenster deiner Seele in die
Welt deiner Träume.
Weit oben am Firmament
blickte sie noch einmal auf
uns zurück und rief uns zu:
»Danke!«

RESTAURANT

Ich fließe in den Rinnsalen
deiner Angst
über das Kopfsteinpflaster
deiner Erinnerungen
auf den Straßen deiner
Erfahrungen,
bewässere die Wiesen
deiner Hoffnungen,
bemale die Blätter
deiner Seele,
benetze deine Lippen
mit dem Kuss der Poesie.

Ich pflanze Gedankenblumen
in dein Leben,
und die Saat geht auf in
deinem Herzen
– durch alle Adern hindurch –,
geflochtene Ideen in
deinem Sein.
Gedichte sind geschrieben mit
dem Blut der Poeten,
ihre Tinte fließt in Strömen in
die Dürre der Herzen
als Linderung der Schmerzen.
Zeilen sind die Blätter der
Bäume des Lichts.
Worte sind die Früchte der
Heilung, gepflanzt an einem
schönen Tag,
als die Liebe die

Zeit stahl.

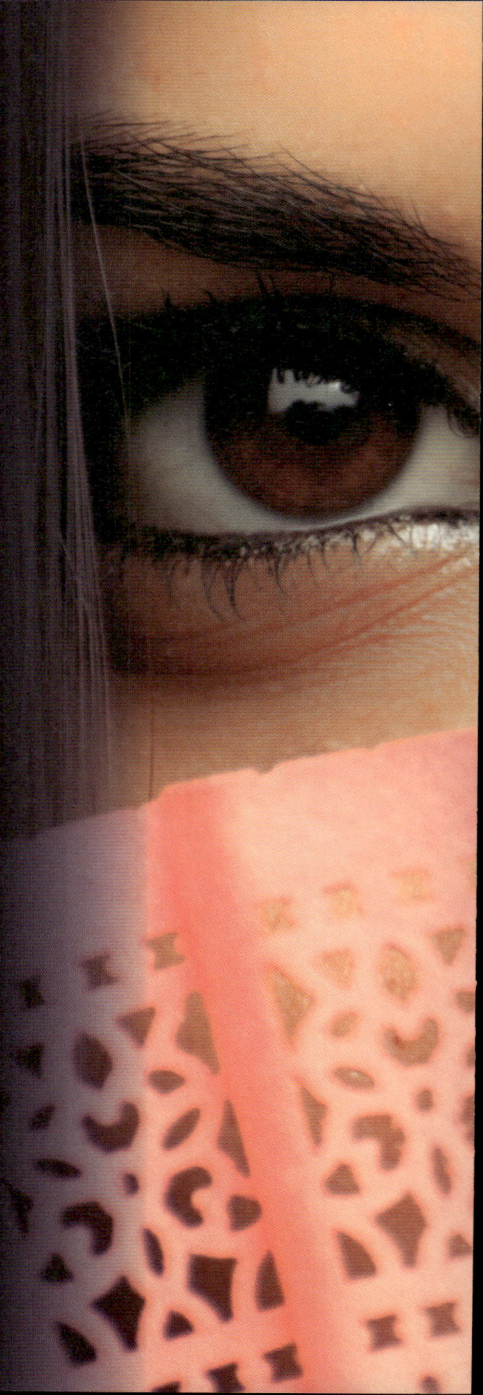

Sie ist der Weinstock,
der meine Früchte trägt.
Wer ihren Blick erblickt,
erstarrt verzückt.
So, wie der Wein den Sinn
des Trinkers trinkt,
so trinkt sie mich mit jedem
Atemzug zu sich zurück.

Wenn unsere Füße
tanzen,
kann unser Geist nichts
anderes tun,
als ihnen zu folgen,
denn Tanz ist göttlicher
Gedanke.
Wenn du malst, male
wie im Tanz.
Wenn du liebst, liebe
wie im Tanz.
Wenn du lebst, lebe
einen unendlich
lichtvollen Tanz,
denn Gott malt dich
tanzend.

Es liegt in
deinem Blick,
in den ich eintauche wie
in eine andere Welt:
Meine Stirn berührt einen
neuen Himmel,
und meine Füße berühren
eine neue Erde.
In allen Wassern spiegelt
sich deine Seele,
und unter jedem Stein
finde ich deinen Namen.

Und besteht mein Herz
auch nicht aus dem
edelsten aller Metalle,
so gieße ich doch einen
Schlüssel aus ihm, die
Herzen der Menschen
zu öffnen.
Und ich bewahre ihn
auf unter meiner Zunge,
denn ich weiß, du
wirst kommen, ihn zu
stehlen mit
einem Kuss.

Mögen alle Winde dich zu mir tragen, mögen die Adler deinen Namen schreien über allen Wüsten tief bis in die Täler. Meine Oasen sind nur ein Schatten im Vergleich zu deiner Schönheit, und meine Paläste nur ein fahles Licht verglichen mit dem Leuchten deiner Stätte.

In deine Tiefen

will ich hinabtauchen und deine Höhen mir erklimmen,
und all meine Troubadoure sollen auf ewig nur dein Lied mir singen.
So sende ich meine Paladine aus zum Schutz deiner gesalbten Füße,
auf dass sie für immer im heiligen Sand meiner Träume tanzen.

Und neigst du
deinen Kopf
vor der Schöpfung, so neigt
sie sich vor dir,
und alles, was du willst – wenn
du es gibst, gehört es dir.
Und alles, was du wünschst –
wenn du es schenkst,
so ist es dein,
was immer du auch brauchst
für jeden Tag, wird
für dich sein.
Und nackt und ohne Scham,
so muss die Wahrheit dir
begegnen.
Erst wenn du deinen Schatten
liebst und du verstehst, wird
er dich segnen,
und von allen Himmeln dann
wird die Liebe auf dich regnen.

Und sprichst du meinen Namen,
so entsteht
meine Welt.

Doch all meine Worte sind nur
klägliches Scheitern bei dem
Versuch, dich zu beschreiben,
denn nur in staunendem
Schweigen wird man deiner
Schönheit gerecht.
So berausche ich mich an
ungesprochenen Worten,
nie gespielten Liedern
und einem ewig währenden Tanz
der bewegungslosen Stille.
So stehe ich dir schweigend
gegenüber und warte auf den
Tag, an dem du mich erlöst.

Ich hänge an deinen Lippen,
weil jedes Wort von dir mich
mir näher bringt, und jeder Blick
in deine Augen zeigt mir mich
selbst in all meinen Facetten.
Und ich halte deine Hände,
weil ich mich so besser spüre.
Alle Geschenke, die ich dir machte,
waren nur Geschenke an mich
selbst, weil dir nichts hinzuzufügen
oder wegzunehmen ist.
Wer dies täte, bräche das
Universum entzwei.

Du bist die mystische Rose
aus dem *Garten*
des Lichts.

Feste der Liebe

will ich feiern – berühren unsere
Füße den Boden, ist es vorbei.
So jagen wir durch die Hallen
der ungeträumten Träume,
entfesseln die Wahrhaftigkeit für
die schlafenden Hoffnungen.
Wir legen Feuer in den
Gemächern der Zweifel, schneller
als das Licht befreien wir die
Sehnsucht aus dem Gefängnis
der Erwartungen.
Komm! Komm! Die Torwächter
des Glücks werden uns nicht
finden. Der Rhythmus ist unser
Gefährte, in den Korridoren des
Glaubens entfachen wir mit ihm
einen Sturm der Gewissheit.
Argwohn zerfällt zu Staub,
und durch die Spiegel der
Erinnerungen fallen die Neider
ins Nichts.
Ich bin der Sohn des Mondes,
du bist die Tochter der Sonne.
Wir befreien die Kinder des Lichts.

Seht meine Hand,

sie führt die Feder,
doch meine Worte sind
nicht mehr mein.
All meine Noten,
all meine Lieder,
all meine Träume,
sie sind nun dein.
Und auch mein Blick
gehört nicht mehr mir,
und kein Gedanke führt
mich zur Ruh.
Wer ich auch war,
ist nicht mehr hier,
bin nicht in mir, in mir bist du.

Die menschliche Liebe ist wie

das Mondlicht,

das stolz sein Leuchten
präsentiert, doch im Geheimen
weiß, dass es kein eigenes
besitzt, sondern nur stiehlt von
der Quelle.
Die Liebe ohne Verbindung
mit dem Göttlichen ist stets
unvollkommen und verwirrt,
wie ein Schatten, der glaubt,
sein eigener Ursprung zu sein.

Sinnlichkeit
bedeutet nicht, sich in
dieser Welt zu verlieren.
Es bedeutet, sich an
sie zu verschenken.

Die Weisheit

des Verstandes vermag,
vieles zu verstehen.
Die Weisheit des Herzens
versteht alles.
Die Poesie ist die Kunst, das
Ideal in allem zu erkennen,
sie sieht die Wahrheit hinter
jeder Wahrheit.
Das ist eine Kunst, die dem
Verstand wohl ewig versagt
bleibt und die das Herz seit
Ewigkeiten besitzt.

Der Poet
ist die Viola der Worte.
Durch ihn singen Gedanken
Sprachblumen aus Licht.
Er verankert die Tiefe
zwischen den Zeilen.
Sinfonien aus Lauten formt
er zu Worten aus Silben
und Gold.

Und kannst du auch
nicht die Rose sein,
so kannst du doch
ihren Duft versprühen.
Und bist du auch nie
die Sonne,
so bist du doch
ein Licht.

Dein Gefäß ist halbvoll mit
altem Wein.
Ich wäre ein Narr, würde ich
ihm heilige Milch hinzugießen,
sie würde nach kurzer Zeit
überlaufen und ihre Weisheit
an das Nichts verschenken.
Du könntest sie nicht
aufnehmen.
Werde zuerst leer,
dann komme wieder.
Die Liebe sagt: »Aber ja!«
Die Angst sagt: »Ja, aber …«

Heilig ist

die Nacht, die sanft wie
Rosenduft deinen Namen
mir verrät.
Heilig ist der Atem des Engels,
der ihn mir zuflüstert.
So will ich ihn in meinem
Herzen tragen und dort
vergessen – bis zu dem Tag,
an dem ich dir begegne.

Trunken bin ich

von dir und deinem Tanze.
So, als ob jeder deiner Schritte
Wein wäre.
Du hast die Mauern mit einem
Lächeln überwunden.
Mein Torwächter kniete vor dir
nieder.
»Sag, wer bist du?«
Und mein Engel flüsterte mir
ins Ohr: »Das ist die Liebe, du
Narr!«

Lass mich dich lieben, als
würde das Morgen nie geboren
und als wäre das Gestern
nur der Schatten eines lang
vergessenen Traums.
Dorthin, wo der heiligste
Moment sich seiner selbst
gewahr wird,
möchte ich mit dir fliehen
vor allen Wesen, die uns
ein Morgen versprechen,
um uns diesen

Moment

zu stehlen.

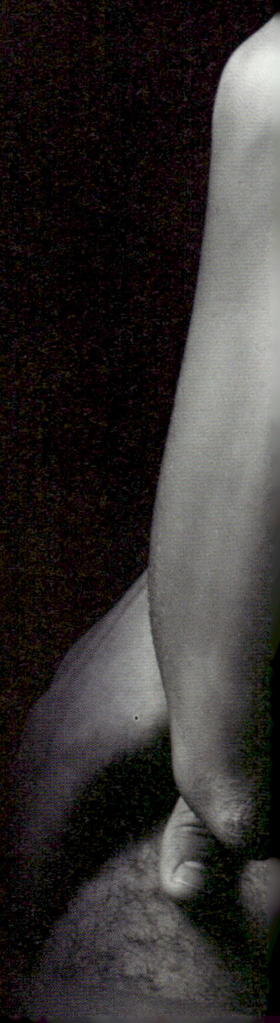

Ich bin ein dunkles Feuer und
strahle doch heller
als so mancher falsche Schein.
Erkläre du mir nicht mein
Leuchten,
die Zelte der Scharlatane
brennen lichterloh, wenn ich
sie berühre.
Ich trage das Licht in die Tiefen
der Seelenfänger
und feilsche mit dem
Fährmann um seine heilige
Fracht.
Und strahle ich auch nicht wie
sie am Tage,
so bin ich doch das Leuchten

durch die Nacht.

Man sagt: »hell«, damit
das Dunkel
weiß, wo es hingehört.
Man sagt: »Liebe«, damit
die Angst weiß, in wessen
Arme sie sich begeben muss.

Du schriebst
meinen Namen auf die
Oberfläche deines Sees,
und er sank bis tief hinab auf
den Grund deines Vergessens,
verankert wie das Geheimnis
eines Lebens.
Wer die Tiefe liebt, wird
verstehen, wer ich bin,
wen sie ängstigt, wird
es nie erfahren,
denn die Oberfläche ist
stets der Anfang nur,
die Tiefe jedoch jeder
Wahrheit Beginn.

Wenn wir Stille sind, wird
Weisheit sich entfalten zur
schönsten aller
schweigenden
Blumen.

Nur, wenn du mir nackt begegnest,
kann ich dich erkennen,
denn nur, wenn wir den Mut haben,
bloß zu sein, können wir erspüren,
wer wir wirklich sind.
Darum sprich nicht zu mir von
Großem, denn ich möchte deinem
Handeln zuhören.
Und verfremde nicht die Schönheit
des Augenblicks mit dem Duft eines
falschen Seins.
Die Schöpfung hat dich einzigartig
gemacht.
Es gibt keinen Stern, der dir gleicht
an ihrem Himmel.
Ich wünsche dir ein Herz, das
den Mut hat, es selbst zu sein,
einen Geist, der erkennt, dass
alles Gesagte schon gesagt ist,
Augen, die Wahrheit lesen können,
und Ohren, die hören, wenn ein

Herz nach dir ruft.

Ich springe
von den Klippen der Vernunft
hinab ins Meer der Liebe.
Denn ich weiß, ein Engel
fängt meine Narrheit auf.

Die Tinte
der Gelehrten ertränkt die
Schriften der Liebe.
Ihre Münder zerreden, wonach
die Liebe niemals fragt.
Jedoch die Liebe berührt
dort, wohin ihre Fragen
niemals reichen.

Du spielst auf der Laute des
Herzens, und durch seine
Schwingung
entstehen Sonnen, Sterne
und Planeten.
Du hauchst mir Weite in die
Seele, und ich öffne meine
Augen und erblicke einen
neuen Horizont.
Wenn etwas an dir fremd mir
erscheint, so ist es jener Teil
von mir, dem der Mut fehlte,
zu sein.
Du bist es, dem ich vertraue,
denn dein Herz kennt all
meine *Melodien.*

Ich will nicht
die Kerze
sein, nur ihr
Licht.

In meinem Taumel

erkenne ich nur dich,
und meine Trunkenheit
ist voll von dir.
Du verbrennst mich ganz,
und deine Hand zerreibt
mich nun zu Asche – bis
nur noch dein Name in
mir übrig bleibt.

In deinem Sein

spiegle ich mich wider, denn du
blickst in mich hinein.
Ich bin in all deinen Gedanken,
und deine Spuren führen in
mein Sein.
Du liest zwischen meinen
Zeilen und findest dich in
meinen Taten.
Nur du kennst meinen wahren
Namen, und ich weiß, du wirst
ihn nicht verraten.

»Wann ist es Liebe?«,
fragte die Angst.
»Wenn du keine Fragen
mehr hast«, sagte die

Liebe.

Wo ich
auch bin:

Wenn ich dich nicht fühle,
weiß ich,
ich bin nicht bei mir.

Ich hielt
die Luft an und tauchte
hinab in die Sterne,
durchkreuzte Universen der
Sehnsucht und den Kosmos
der Sinne.
So stieg ich auf aus dem
Ozean der Liebe
und fand dich am Strand
versteckt im Ton einer Flöte.
Ich wurde zu deiner Melodie.

Spring über
den Rand deiner Träume.
Entdecke den Laut der Stille,
und er wird dir sagen,
wer du bist.
Berühre das dunkle Licht, und
es wird für dich leuchten und dir
die Augen der Wahrheit öffnen.
Betritt das Feld allen Seins.
Spiele, und lerne, und
kehre zurück als ein neuer Gott.

Demut

ist die Wesensart
wahrer Schönheit.
Senkt sie den Kopf,
erhebt sich die Welt.

Mit jedem

Herzschlag

wiederholt das Herz
Gottes Namen.
Mit jedem Atemzug feiert
der Atem dieses Fest.

Die, die ihren Träumen nicht vertrauen, sehen den *Mond* nur in der Spieglung ihrer Brunnen.

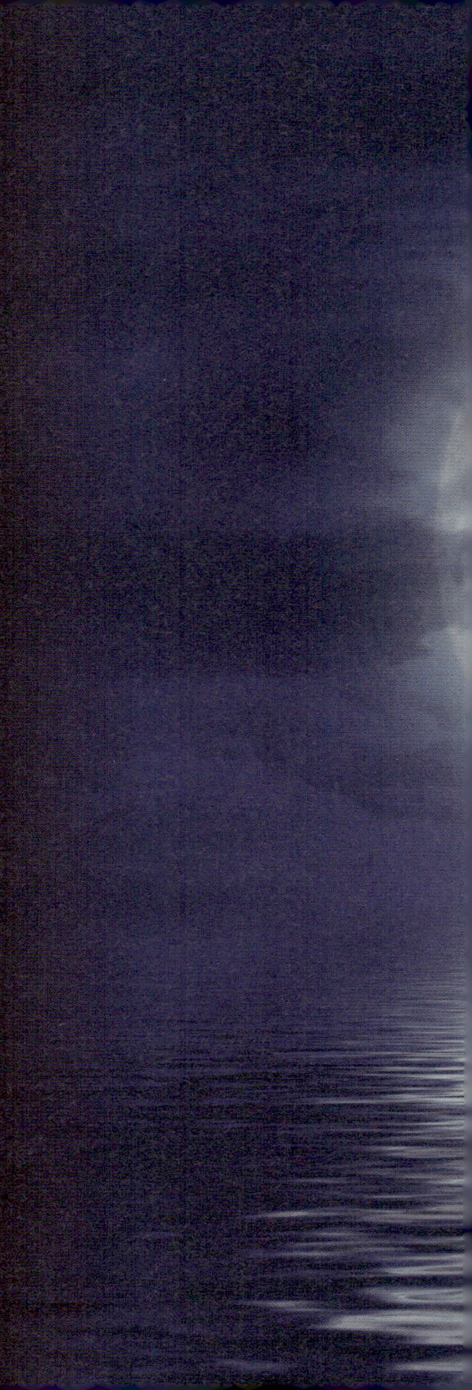

Im Übergang

von Licht und
Schatten begegnen
wir Gott, denn er hält deren
Enden in seinen Händen,
um den Suchenden
eine Brücke zu sein.

In der Knospe der Dunkelheit
schläft das *Licht*.

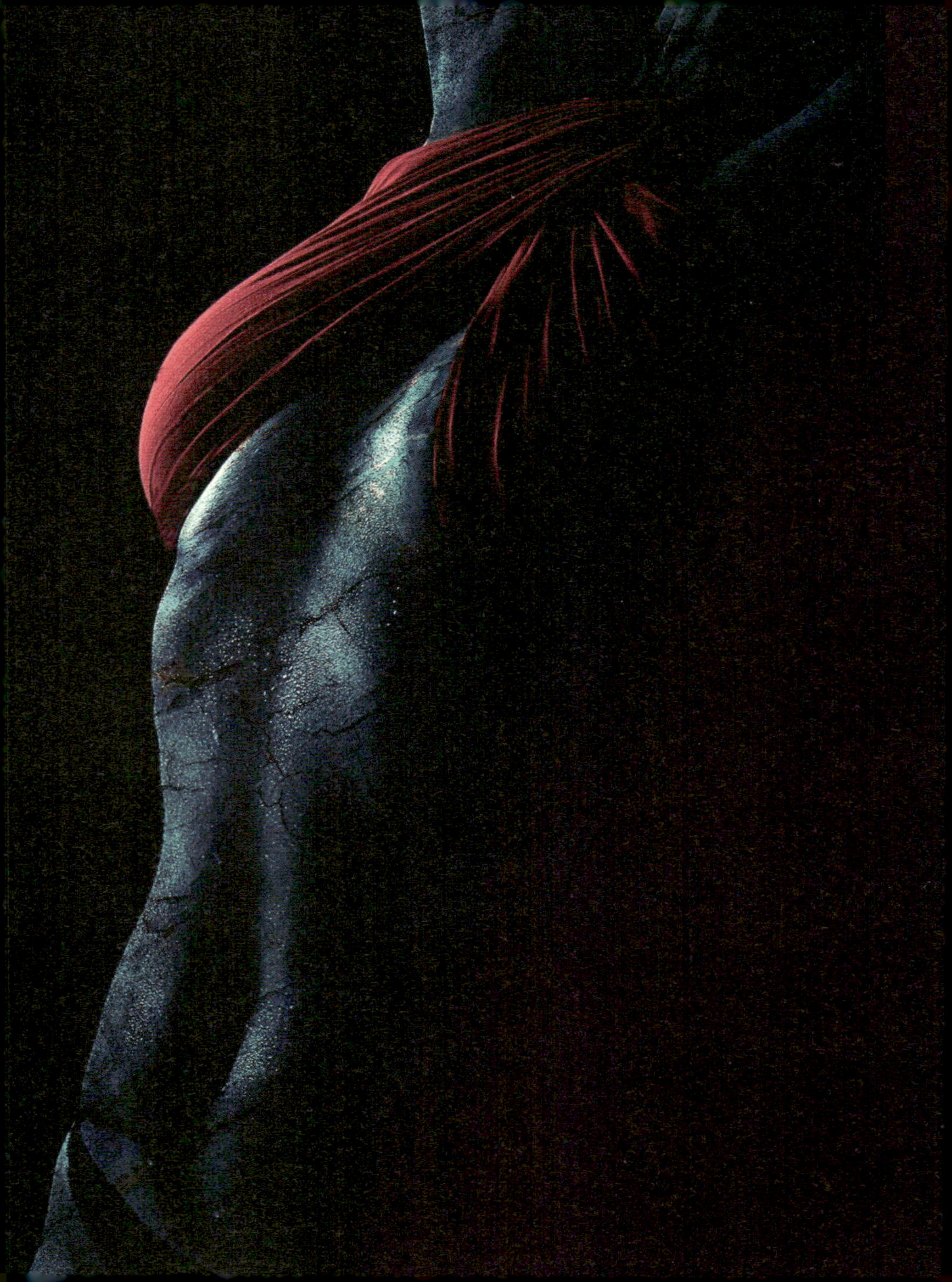

Genieße *den Tag,*
denn er spricht zu
dir von Geheimnissen,
jedoch liebe die Nacht,
denn sie verrät sie an dich.

Ich bin nicht
des Sehnens Sehnen.
Ich bin nicht des Glückes
Glück.
Ich bin nicht des Willens
Willen,
und auch nicht des Stückes
Stück.
Ich bin nicht hinter dem
Dahinter,
ich bin nicht das Sein hinter
dem Sein.
Ich bin nicht die Antwort jeder
Antwort,
bin nur in allem immer dein.

Und wäre ich ein Stein, so
wollte ich der schönste sein.
Und wäre ich ein Licht, ich
fürchtete das Dunkel nicht.
Und wäre ich ein Blatt, so
würden an mir alle satt.
Und wäre ich der Wald, so
würden meine Bäume alt.
Ich bin in allem. Was ich bin:
stets Gottes
tiefster Sinn.

Mein Feuer

ertränkt dich, und dein
Wasser verbrennt mich,
doch nur so werden wir zu
heiliger Asche.
Verliere dich in mir, und
du wirst dich gewinnen,
und du wirst auferstehen
aus der Illusion.
Verbrennen wir uns und
reinigen unsere Seelen
von diesem Ort.
Komm, auf uns wartet die
Ewigkeit.

Der Schlaf

weckt den Schläfer nicht.
Der Traum weckt den
Träumer nicht.
Die Liebe weckt die
Liebenden nicht.
Gleiches ist im Schatten
des Gleichen immer in
Sicherheit.

Nun weiß ich, dass
ein Traum mich träumt,
während meine Seele
tanzt und ich hier stehe.
Am Rande meines
Wahnsinns erschließt
sich mir die Welt.
So sitze ich bei den
Feueressern und trinke
mit ihnen die Tränen,
die niemand zählt.
Erlösen wir die, die schlafen,
indem wir
den Traum
wecken, der uns träumt.

Meine Worte
sind der Klang,
und meine Schriften
sind das Licht.
Mein Schein nur Illusion,
der schon beim ersten
Schall zerbricht.
Und doch geb ich nicht
auf, auf tausendfache
Art zu klingen,
denn jeder Splitter,
der mich spiegelt,
zeigt mich in
tausendfachem Schwingen.

Ein guter Lehrer

lernt von seinen
Schülern.
Ein besserer Lehrer
lernt von Gott.
Ein Meister weiß,
dass beide ein und
dasselbe sind.

Ich bin nicht das Ich, ich bin das,
was hinter mir ist.
Was du in mir siehst, bin nicht ich,
das bin ich ohne mich –
das bist du!

Poliere den Spiegel deiner
Seele so lange, bis die Liebe
aus ihm herausschaut.
Schüre die Glut deines Seins
so lange, bis Liebe aus deinem
Feuer aufsteigt.
Heilige dein Wasser so lange,
bis es so rein wird, dass die
Liebe aus dir trinkt.
So wird deine Sehnsucht zu
einer Rose, die aufblüht und
sich verwandelt zu Gottes
schönstem
Gedanken.

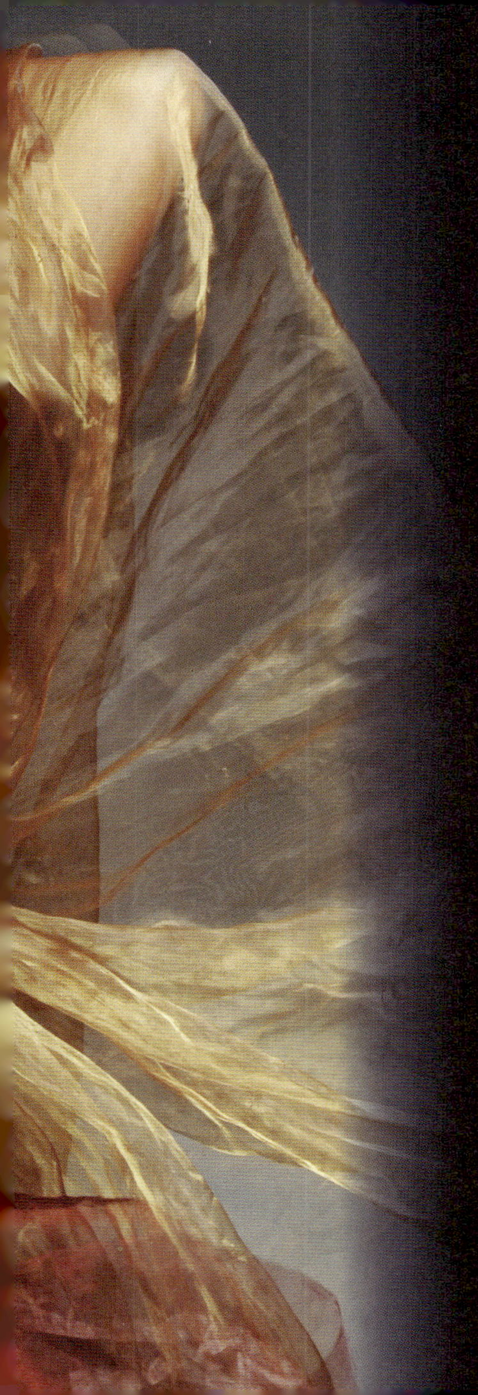

Tritt ein in meine Welt, erkenne dich in den Spiegeln meiner Seele. Nimm Platz in mir, denn mein Sein ist dein Haus, und durch deine Augen erkenne ich mein Gesicht. Aus der Tiefe der einen Seele schöpfen wir das Wasser des Lichts.

Die mystischen Stätten
kannst du nicht besuchen.
Die heiligen Wasser kannst
du nicht trinken.
All das, was es zu wissen
gibt, ist ein Ozean, der dich
verschlingt.
All das, was es zu verstehen
gilt, ist eine Wüste, die dich
austrocknet.
Doch verschenkst du einen
Tropfen deiner Liebe, so
heilst du die
ganze Welt.

Vom Baum

des Ewigen dürft ihr kosten,
jedoch waren euch nicht auch
die Früchte der Illusion ein
guter Lehrer?
Wie solltet ihr sonst erkennen,
welche Nahrung euch die
wertvollste und edelste ist?
Somit erkennet, dass dort,
wo alles entsteht, kein Gut
und Böse, kein Richtig oder
Falsch existiert.
Es gibt nur diesen einen Baum
des Ewigen und seine Früchte,
die er uns schenkt.

Im Garten

der Formen stehen die Bäume der Archetypen. Majestätisch und voller Anmut scheinen sie mit ihrem Glanz bis tief in die Sphären der diesseitigen Welt hinein. So ist in allem stets das Wundervollste verborgen, selbst wenn es sich dem Auge des Betrachters entzieht.
In unseren Herzen ist stets das Bild der Archetypen immanent, zu dem wir uns aufschwingen können – unabhängig von Zeit und Raum –, um zu erblühen zur schönsten der noch nie erdachten Ideen, zur größten der noch nie erlebten Erfahrungen.

Die Lehrer
der Weisheit sind leere Gefäße, in die sich die Weisheit ergießt ungeachtet ihrer Religion.
Die Lehrer der Illusion sind volle Gefäße: In ihnen läuft die Weisheit über und vergießt sich ins Nichts, weil sie nicht gelernt haben, sich zu leeren, bevor die Weisheit kam.

Du öffnest *deine Augen*
und berührst meine Seele.
Du berührst meine Tür und
öffnest meine Welt.
Du bewegst dich in ihr so sicher,
als wäre es deine, und ich blicke
dir mit offenem Munde hinterher.
Ich verfolge deine Spuren in
meinen Räumen, höre dein Lachen
in den Korridoren meines Seins.
Nun kann ich Schönheit in mir
erkennen, wo ich vorher nichts sah,
finde Hoffnung, wo ich vorher an
nichts glaubte.
In so vielen Jahren konnte nicht
entstehen, was du mit einem Lächeln
erschaffen hast.
Und etwas in mir sprach: »Sie hat dich
erschaffen, du gehörst nun – dir.«

Sätze über
Träume mit einem »aber« zu beenden ist wie einen Vogel ohne Flügel zu malen.
Sätze ohne Liebe sind eine Sonne ohne Licht.

Gedanken wie
glitzernde Staubpartikel ...
In den Strahlen eines neuen
Morgens sind wir
ein Mantra der Liebe von
Werden und Vergehen.
Ich bin deine Frage, du bist
meine Antwort.
Ich bin das Einatmen, du bist
das Ausatmen.
Ich trinke von deinem Licht,
das sich auf den Wellen
meines Meeres spiegelt.
Du löschst deinen Durst mit
dem Wasser meines Seins.

Der Mensch

ist ein Planet, der ein
Universum in sich trägt.
Er besitzt innere Landschaften
und Wege.
Somit sage niemandem, dass
du seinen Weg zu Gott kennst,
denn es ist schon viel, wenn du
deinen eigenen Weg dorthin
erkennst.
Wir alle sind Wanderer auf
demselben Weg.
Daher umarmt euch, segnet
euch, und schenkt euch eine
Blume aus Gedanken mit dem
Duft von Liebe und Respekt.
Gott ist in jedem, in allem und
über allem.

Die Frage,
ob du die Liebe
verstanden hast,
kann dein Herz dir
nicht beantworten.
Sie wird beantwortet
von den Herzen der
anderen.

Du drehst mich,

und alles um mich herum
verändert sich, du drehst mich.
Du drehst dich, doch alles in dir
steht still, du drehst dich.
Eins zu sein, ist alles, was
ich will, du drehst mich.
Ich bin dein Klang, wenn du
mich spielst, steige ich auf
zu den Himmeln.
Ich bin die Rebe, wenn deine
Sonne mich nährt, werde ich
zum Rausch.
Aus deinen Tiefen entstehen
meine Höhen.
Aus deinen Tälern entstehen
meine Seen.
Deine Sonnen sind meine Monde,
um dich will ich mich ewig drehen.

Das Göttliche

wirft sein Licht auf uns, doch
solange wir das nicht erkennen,
können wir nur Schatten werfen.

Und so ranken meine
Gedanken nur um dich allein.
Du bist der Baum, um den
sich meine Seele windet.
Und wenn ich hinabstürze
von deiner Welten Ast,
weiß ich im tiefsten Falle,
mich deine *Wurzel*
stets umfasst.

Wie schön wäre es,

kehrten die Kinder heim aus den Stämmen des Nordens und des Südens, aus den Lagern des Ostens und des Westens. Der Wind trüge ihre Schiffe auf den Schwingen der Liebe heim in das gelobte Land. Alle Geister fänden zusammen. Alle Feuer verbrennten die Schatten samt aller Erinnerung an die dunkle Zeit. Die Gier, der Neid und die Angst träten durch die goldenen Tore der Vergebung, und kein Makel wäre mehr auf ihnen, denn sie wären auferstanden als pures Licht. Die alten Stätten lösten sich langsam aus dieser Realität, bis nur doch ein Lächeln übrig bliebe. Alle Himmel würden eins, und jedes Herz wäre ein Gott. Alle Menschen wären ein Atem. Zukunft, Gegenwart und Vergangenheit würden eins, und der Tod hätte seinen Dienst getan und fände keine Seele mehr in sich. Der Baum des Lebens spendete wieder die ewigen Früchte, und alle, die von ihm äßen, würden Licht. Die Götter der Tierwelt vergäben uns unsere Sünden.

Die Archetypen legten ihre Masken ab, und wir sähen, wer sie sind.

Die erleuchteten Seelen legten ihre Masken ab, und wir sähen, wer sie sind.

Gott legte seine Masken ab, und wir erkennten, wer er ist.

Wie schön wäre es, kehrten die Kinder heim.

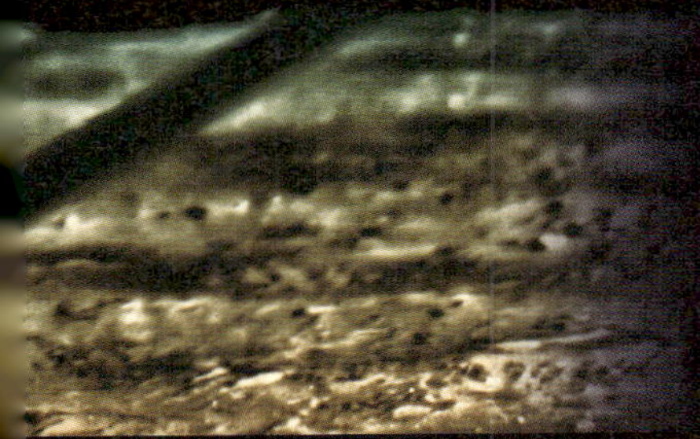

Ich zersprang in

tausend Scherben,

nur um mich selbst zu vergessen
und mich in jeder der Scherben
wiederzuerkennen. So entkam ich
der Einsamkeit.
So vergaß ich all das, und stürzte
mich in dieses Spiel.
Ich riss mich aus meiner eigenen
Existenz und machte mich ewig in
eurer Endlichkeit.

Du musst die Scherben vergessen,
wenn du das Ganze verstehen willst.
Löse dich von dir, und finde mich in
deinem Auflösen,
vergiss dich selbst, und erkenne
mich in deinem Vergessen.
Überwinde dich selbst, und erkenne
dich als MICH.
Du bist es, der ich bin. Du bist es:
der ICH-BIN.

Wie willst du je von den
Schülern lernen, wenn du nur
den Meistern zuhörst?
Die Narrheiten eines Heiligen
sind nicht mehr wert als
die Weisheiten
eines Narren.

Beuge dich

über mich, und erblicke dich
selbst im Spiegel meines Sees.
Die Reflexion ist so unwirklich
wie das Reflektierte.
Das Sein ist so unwirklich wie
das Nichtsein.
Das Heilige ist so heilig wie
das Unheilige.
Dein Atem jedoch ist so
kostbar, dass ich ihn
auffangen möchte
in meinen Räumen zwischen
den Sekunden,
um mit ihm die Hoffnung in
die Herzen eines jeden
Wesens einzuhauchen.

Wer kämpft, kann
Gewinner sein,
wer liebt,
ein Sieger.

Dass Feinde

Freunde, Dunkles Helles,
Ziele Türen und Gedanken
Spiegel waren – erst, wenn
du diesen Weg gegangen
bist, weißt du, dass es nie
einen Weg gab …
Erst, wenn du ihn gegangen
bist.

Bringt den Hellen das Dunkel,
damit sie werden.
Bringt den Dunklen das Helle,
damit sie steigen.
Bringt den Weisen die Zweifel,
damit sie wachsen.
Und bringt den Liebenden ein
Schwert, und nennt es Gott,
damit sie lernen, hinter die

*Spiegel zu
blicken.*

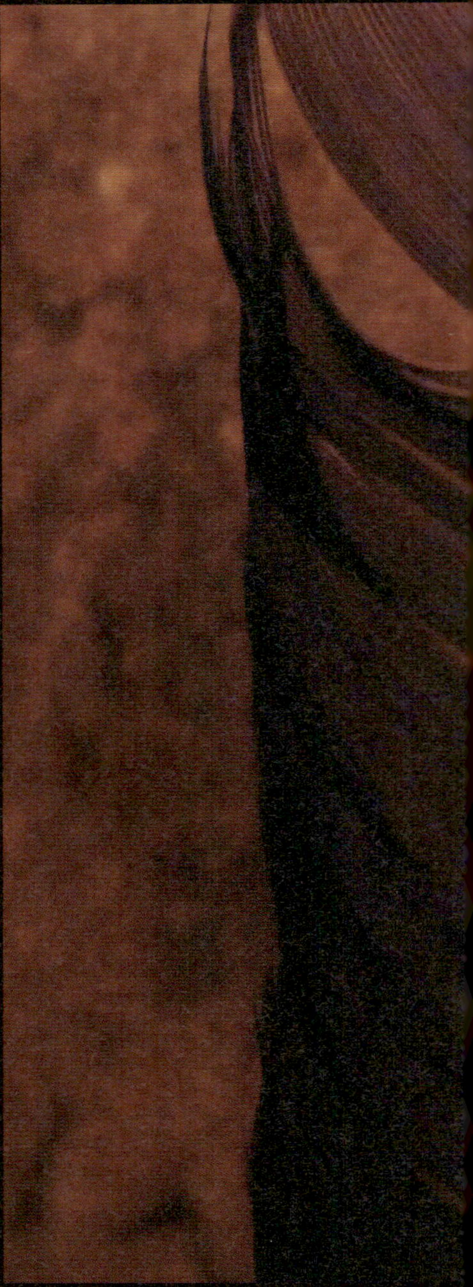